U0474479

西南大学中央高校基本科研业务费专项资金资助（SWU1909311）
数字经济与共同富裕创新团队系列研究成果

重庆市乡村振兴的体制、机制与路径研究

姚文　著

西南大学出版社
国家一级出版社　全国百佳图书出版单位

图书在版编目(CIP)数据

重庆市乡村振兴的体制、机制与路径研究 / 姚文著.
重庆 : 西南大学出版社, 2024. 12. -- ISBN 978-7
-5697-2527-8

Ⅰ. F327.719

中国国家版本馆CIP数据核字第2024YW2660号

重庆市乡村振兴的体制、机制与路径研究

CHONGQINGSHI XIANGCUN ZHENXING DE TIZHI JIZHI YU LUJING YANJIU

姚 文 著

责任编辑:万劲松

责任校对:刘欣鑫

装帧设计:米可设计

排　　版:贝　岚

出版发行:西南大学出版社(原西南师范大学出版社)

重庆·北碚　　邮编:400715

印　　刷:印通天下网络科技有限公司

成品尺寸:170 mm×240 mm

印　　张:11.25

字　　数:192千字

版　　次:2024年12月第1版

印　　次:2024年12月第1次印刷

书　　号:ISBN 978-7-5697-2527-8

定　　价:49.00元

目录

绪　论

党的十九大报告首次提出实施乡村振兴战略，确立了“产业兴旺、生态宜居、乡风文明、治理有效、生活富裕”这一乡村振兴总要求。党的二十大报告进一步强调了全面推进乡村振兴，巩固并完善农村基本经营制度，积极推动新型农村集体经济、新型农业经营主体和社会化服务的发展，同时倡导农业适度规模经营。这标志着中国特色社会主义进入新时代后，“三农”工作被赋予了更加重大的战略意义。深入研究和明确实施乡村振兴战略的体制框架，积极探索实施这一战略的有效机制和可行路径，对于推动乡村振兴战略的实现具有深远的理论价值和实践意义。

一、前人的研究

熊万胜和刘炳辉在评价“李昌平-贺雪峰争论”时认为，新型的集体经济组织、新型的家庭经营模式、新的集体或家庭经营业态，以及乡村的自主多元发展，或是乡村发展可行的思路和路径。[①]谭同学基于长时段历史视角分析了集体经济、农业革命与乡村振兴之间的关系，指出集体经济并不必然“一大二公”。家族

① 熊万胜，刘炳辉．乡村振兴视野下的“李昌平-贺雪峰争论”[J].探索与争鸣，2017(12)：77-81+86.

集体经济与小农结合运行超过八百年,直至无法满足工业化原始积累之需,而被无退出权的集体经济替代。20 世纪 60 年代末工业要素全面进入农业,开启了“劳动密集型”农业向“资本密集型”转变的革命。当前大规模的小农,只有合作为“产供销加”“一二三产”融合的“大农”,方能与农业革命、以工补农的“新时代”对接,成为乡村振兴的主要依靠力量。①陈美球等对江西省黄溪村集体经济建设的研究结果表明,依托建设集体经济组织和创新土地使用制度,通过“确权确股不确地”助推农业现代化,促进农业产业兴旺;“人—地—钱”挂钩推进农村现代化,打造生态宜居环境;“村事村议”提升社会治理成效,建设文明乡风等措施在乡村振兴中成效卓著。村集体经济组织是落实乡村振兴战略的关键实施主体,坚持系统思维的土地使用制度创新则是推进乡村振兴的关键切入点。②张文明和章志敏提出了关于乡村振兴的内生发展论,认为在承认资源、参与、认同三个基本要素为核心要素的基础上,以内外部资源、地方与超地方关系的关联为出发点,强调地方“发展选项的决定权”“发展进程的控制权”“发展利益的享有权”三权是确保乡村发展的关键。③刘海洋认为,实现乡村产业振兴要以农业不断优化升级、三产深度融合为现实路径。④温铁军等认为,乡村振兴战略中的产业兴旺需要制度创新。要从习近平新时代中国特色社会主义思想的高度上认识农业供给侧结构性改革,推进一、二、三产业融合的社会化生态农业,只有把这种多功能现代农业作为目标,以集体经济为载体创新生态资源价值化实现形式,才能实现产业兴旺。⑤彭海红的研究表明,贵州省塘约村探索出以“党建引领、改革推动、合股联营、村民自治”为主线的发展思路,使村容村貌和村民生活发生了巨大变化。⑥郑有贵在总结宁夏固原市脱贫攻坚的实践经验时指出,促进乡村

① 谭同学.长时段视野下的集体经济、农业革命与乡村振兴[J].现代哲学,2018(01):42-48.

② 陈美球,廖彩荣,刘桃菊.乡村振兴、集体经济组织与土地使用制度创新——基于江西黄溪村的实践分析[J].南京农业大学学报(社会科学版),2018,18(02):27-34+158.

③张文明,章志敏.资源·参与·认同:乡村振兴的内生发展逻辑与路径选择[J].社会科学,2018(11):75-85.

④刘海洋.乡村产业振兴路径:优化升级与三产融合[J].经济纵横,2018(11):111-116.

⑤温铁军,杨洲,张俊娜.乡村振兴战略中产业兴旺的实现方式[J].行政管理改革,2018(08):26-32.

⑥ 彭海红.塘约道路:乡村振兴战略的典范[J].红旗文稿,2017(24):15-17.

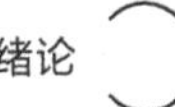

振兴，实现由脱贫向发达富裕的历史性重大转变，需要就实现路径及制度选择进行探索创新。[①]

上述研究成果对深化农村集体产权制度改革，保障农民财产权益，壮大集体经济，实现乡村振兴有着重要的参考价值。当前，重庆市在发展农村集体经济、实现乡村振兴工作中进行了大量、有益的探索，涌现出了诸如服务创收型、物业租赁型、资产经营型、保底入股型、新兴产业型等集体经济发展模式，但也存在诸如“两缺”（缺资金、缺人才）、“一差”（农村基础设施差）和“两制约”（土地政策制约、规划制约）等实际困难。

二、研究内容与研究方法

本书从考察重庆市农村经济社会发展基本情况入手，分析重庆市农村集体经济发展面临的困难与机遇，通过剖析重庆市农村集体经济发展的先进典型，总结重庆市农村经济发展的基本规律，并借鉴国内外资源禀赋类似国家或地区发展农业和农村经济的先进经验，探索重庆市乡村振兴的体制、机制和实现路径，主要研究内容与研究方法如下。

（一）重庆市农村经济社会发展基本情况考察

采用定性分析法考察21世纪以来重庆市农村经济社会发展基本情况，并与起点和资源禀赋相近地区进行横向对比，摸清重庆市农村经济社会发展的“市情”。

（二）重庆市乡村农地功能变迁分析

土地是农业生产和农村经济发展最基本、最重要的资源。本书通过实地调研重庆市农业用地的利用情况，考察21世纪以来重庆市乡村农地的就业功能、增收功能和社会保障功能的变迁，分析农业适度规模经营面临的困难与机遇。

① 郑有贵.由脱贫向振兴转变的实现路径及制度选择[J].宁夏社会科学，2018(01):87-91.

(三)人多地少型国家农业发展与乡村振兴的国际经验考察

人多地少是重庆市农村的典型特征。国际上有不少人多地少的国家农业发展得十分成功。本书以产业融合理论为指导,以荷兰为典型案例,采用案例分析法探索人多地少型国家农业发展与乡村振兴的成功经验。

(四)重庆市城乡要素双向流动模型研究

采用定性分析法考察重庆市城乡资金、人力资源、土地等要素流动的现状,分析资金、人力资源等要素进入农村和农业面临的体制、机制障碍,探索重庆市城乡资源双向流动的有效机制与路径。

(五)新型农村集体经济组织农民参与问题研究

在实地调查的基础上实证研究农民对于新型农村集体经济组织的参与意愿以及影响这一意愿的各种因素,为调动农民积极参与新型集体经济的发展提供决策依据。

(六)"三变"改革与新型农村集体经济发展问题研究

在实地调查的基础上实证研究"三变"改革推动新型农村集体经济发展的政策效应,为进一步推进"三变"改革提供经验借鉴。

(七)集体经济激励模式研究

基于激励相容理论,借鉴传统集体经济组织和乡镇企业兴衰的历史经验,研究重庆市乡村振兴成功案例在产权制度设计方面的创新,总结出充分调动土地、劳动力、资本、管理等各要素主体积极性的经营新模式。

(八)财政支农模式创新与乡村振兴研究

农业和农村的发展、乡村振兴的推进离不开政府的支持。比较不同财政支农模式促进农村经济社会发展的成效,探索政府财政投入支持农业和农村发展、实现乡村振兴的有效机制。

(九)重庆市乡村振兴实现路径分析

在实地调查的基础上采用案例分析法剖析重庆市在发展新型农村集体经济以推动乡村振兴方面的典型案例,探讨重庆市乡村振兴的实现路径。

三、研究思路与技术路线

本书以典型案例分析和实证研究为主要研究方法,以乡村振兴为目标,以实现要素优化配置为手段,探索实现乡村要素优化配置的机制、路径以及相应的体制保障,基本思路与技术路线如图1所示。

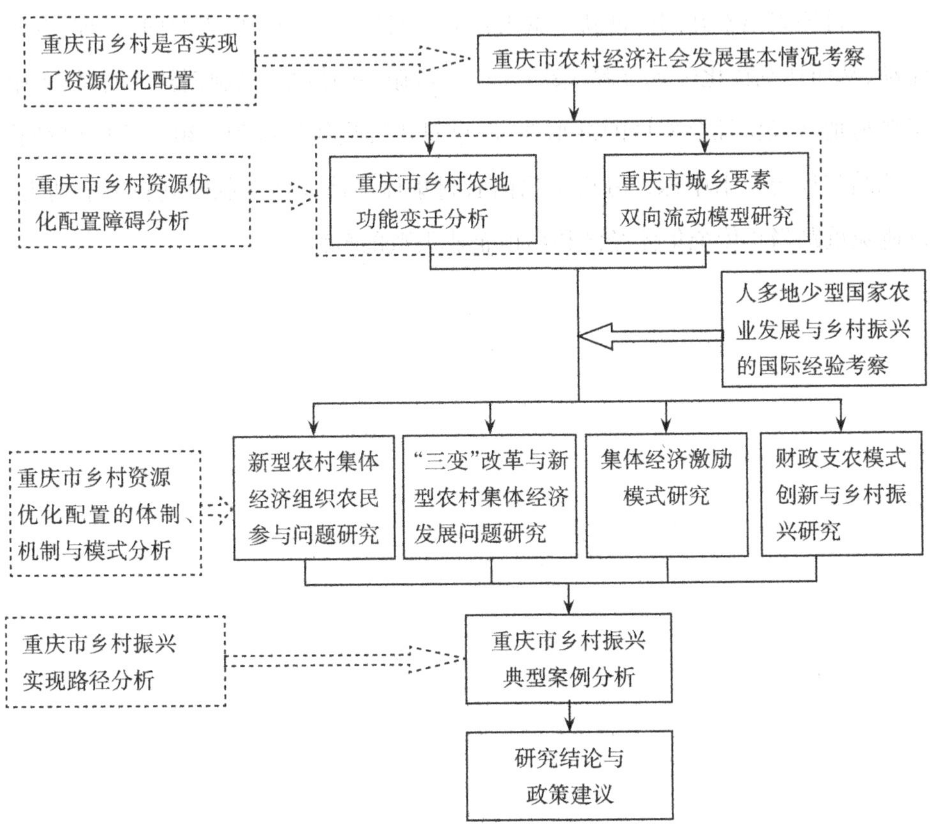

图1　基本思路与技术路线

四、创新之处

相较于同类关于农村经济社会发展的研究，本书在以下两个方面有所创新。

（一）研究视角创新

本书以产业融合理论为指引，聚焦于乡村视角，深入研究了农村经济的发展路径。书中探讨了乡村地区农业、工业、服务业、文化创意产业、旅游休闲产业等多产业形态如何协调发展，进而构建一个乡村产业兴旺、经济繁荣的新模式。

（二）研究内容创新

乡村振兴离不开制度创新。本书致力于研究实现城乡要素双向、合理、有效流动，从而达到优化配置资源，最终促进乡村振兴的体制、机制创新。同时，着眼于乡村地区经济社会发展的继承性，注重对传统集体经济和乡镇企业历史经验的总结与反思。书中深入分析了当前农村集体经济如何在制度创新上下功夫，以避免重蹈当年传统集体经济和乡镇企业失败的覆辙。

第一章　乡村振兴相关理论研究

乡村振兴是一个系统工程,其中生态振兴是前提,产业振兴是基础,人才振兴是关键,文化振兴是灵魂,组织振兴是保障。乡村振兴是一个国家或地区迈向现代化的必由之路。长期以来,学术界围绕乡村振兴进行了大量的理论研究,提出了一系列相关理论。本章就本书所涉及的相关理论做一个简要的介绍。

一、区域发展视角

(一)城乡二元经济结构理论

城乡二元经济结构理论是发展经济学的基础性理论之一。二元经济结构理论最早可以追溯到荷兰经济学家和社会学家J.H.伯克对印度尼西亚社会经济结构的研究,他把印度尼西亚的社会和经济结构划分为传统部门和现代部门。[①]刘易斯把后起国家的经济结构刻画为传统的农业部门和城市工业部门。在一定条件下,传统农业部门的边际生产率为零或负数,劳动者在最低工资水平上提供劳动,存在无限劳动供给。城市工业部门工资比农业部门工资稍高。城市工业部门相对较高的工资吸引农业部门剩余劳动力向城市工业部门转移。一方面,

①汪小勤.二元经济结构理论发展述评[J].经济学动态,1998(01):73-78.

农业部门剩余劳动力向城市工业部门转移为城市工业部门的发展提供了人力资源，促进了城市工业部门的发展，城市工业部门的发展增加了对劳动力的需求，同时也增加了对农产品的需求。另一方面，劳动力由农业部门流出，改变了农业部门劳动力过剩的情况，刺激了产出的增加。更进一步地，随着农业部门劳动力的不断流出，农业部门不再存在劳动力过剩的情况，农业部门边际生产率为负或为零的现象消失，甚至开始出现边际生产率增加的现象，但由于农业部门和城市工业部门之间存在边际生产率的差异，农业部门劳动力仍会继续流出，直到农业部门和城市工业部门之间存在的边际生产率差异消失为止。[①]这时经济中的二元结构也消失了。城乡二元经济结构理论刻画了发展中国家或地区实现现代化的基本过程，但该理论没有考虑国际贸易因素，当代中国乡村振兴是在开放的经济条件下进行的，须考虑国际贸易对城乡二元经济结构的影响。在传统的二元经济结构中，城市工业部门的发展增加了对农产品的需求，提高了农产品的价格，间接提高了农业部门的边际生产率。而在开放经济环境下，农产品价格的上涨受到国外进口农产品的冲击进而抑制了农业部门边际生产率的提升，延缓了农业部门和城市工业部门工资差异的消失，推迟了二元经济结构消失的时间。在研究中国乡村振兴问题时必须高度重视提高本国农产品国际竞争力，以抵消国外农产品进口带来的不利冲击。

（二）规模经济理论

规模经济理论是经济学的基本理论之一，它分析了企业生产规模与平均成本之间的关系。当生产规模较小时，企业可以通过扩大生产规模降低生产的平均成本，因为生产规模的扩大可以摊薄先进技术和设备的研发成本、设备的使用成本，以及产品品牌打造、营销渠道建设等营销成本，所以充分利用现有基础设施，同时能更有效地利用产品生产的副产品，获取范围经济的好处。此外，生产规模的扩大还能提高企业的谈判地位，增加谈判能力，获取更有利的交易条件。当然，企业生产规模的扩大也会带来组织成本的增加，以及因管理层级的增加而

①威廉·阿瑟·刘易斯.二元经济论[M].施炜，谢兵，苏玉宏，译.北京：北京经济学院出版社，1989.

引起的信息传递速度变慢以及失真，进而导致对市场、政策等外部环境变化的响应速度下降甚至决策失误。因此，企业需要寻求规模报酬不变的最佳经营规模。在乡村振兴研究中，针对传统的家庭联产承包经营导致的农业超小规模经营的现状，需采用农业剩余劳动力转移、土地流转、发展农民专业合作社等多种方式实现农业的适度规模经营。规模经济理论为农民专业合作社的发展提供了理论依据，它倡导农民通过紧密合作，推动农业实现横向一体化。实行农业适度规模经营可以增强农产品的市场竞争力，提高农产品生产的技术水平，提升农业生产的经济效益。

（三）人力资本理论

20世纪60年代，美国经济学家舒尔茨和贝克尔创立了人力资本理论，开辟了提高人类生产能力的崭新思路。舒尔茨在《改造传统农业》一书中强调，不应过分强调土地等传统要素的作用，应对农民进行人力资本投资，投资的主要形式包括教育、培训、提高健康水平等。[①]人力资本理论的主要观点包括：①人力资源是一切资源中最主要的资源，人力资本理论是经济学的核心问题。②在经济增长中，人力资本的作用大于物质资本的作用。人力资本投资与国民收入成正比，比物质资源增长速度快。③人力资本的核心是提高人口质量，教育投资是人力投资的主要部分。不应当把人力资本的再生产仅仅视为一种消费，而应视同为一种投资，这种投资的经济效益远大于物质投资的经济效益。教育是提高人力资本最基本的手段，所以也可以把人力投资视为教育投资问题。生产力三要素之一的人力资源显然还可以进一步分解为具有不同技术知识程度的人力资源。高技术知识程度的人力带来的产出明显高于低技术知识程度的人力。④教育投资应以市场供求关系为依据，以人力价格的浮动为衡量符号。人力资本理论为乡村人才振兴提供了理论依据。研究乡村振兴，应正视乡村人力资源的形成、流失等现实问题。

①西奥多·W.舒尔茨.改造传统农业[M].梁小民，译.北京：商务印书馆，1987.

二、产业经济视角

(一)农业多功能性理论

农业多功能性概念最早来自20世纪80年代末的日本“稻米文化”。该概念在国际社会中得到广泛使用,则始于1992年联合国环境与发展大会,此后世界贸易组织(WTO)、联合国粮食及农业组织(FAO)、经济合作与发展组织(OECD)先后使用了这一概念。该概念摆脱了农业仅仅具有提供充足的食品、廉价的原料、劳动力资源及产品市场,以及承担工业化与现代化负面影响等经济功能的刻板印象。农业除了上述经济功能外,还提供了多种非经济价值的产品与服务,包括确保粮食与安全、提供就业机会与社会保障、维护良好生态环境、促进娱乐与旅游业发展、传承文化、保护生物多样性以及保障动物福利等。农业多功能性理论为乡村振兴拓展了思路,使农业不再局限于种植粮、棉、油、菜等农作物,生产肉、禽、蛋、奶、鱼等农产品,而是根据当地资源特色与地理优势大力发展休闲农业、旅游农业、生态农业,满足人民的精神、文化需求以及生态安全需求。

(二)六次产业与产业融合理论

20世纪末,日本人口大幅度聚集到中心城市,导致农村出现了严重的“老龄化”和“过疏化”现象,日本农业面临劳动力紧缺困境,加上日本地形分布多以山地和丘陵为主,耕地碎片化与耕地质量低下等问题日益凸显。[①②]1996年以振兴日本农业与农村、改变农业发展前景为目标,今村奈良臣提出“六次产业”概念,其基本含义是农业生产向第二、三产业延伸,通过产业相互渗透与融合,形成三产相加(1+2+3=6)或相乘(1×2×3=6)的一体化、完整的产业链。通常情况下,第一产业(农业)在农村,第二产业、第三产业在城市。今村奈良臣主张第一产业向第二产业、第三产业延伸发展,创造第六产业,通过产业融合尽可能地延长农业

---

① 刘松涛,张彦旸,王林萍.日本农业六次产业化及对推动中国农业转型升级的启示[J].世界农业,2017(12):70-78+259.

②王娟娟.日本农业“六次产业化”分析[D].吉林:吉林大学,2014.

产业链，将第二产业、第三产业的附加价值留在农村，反哺农业，促进农业发展和农民富裕。张来武根据劳动对象和产业任务的不同，进一步提出了第四产业、第五产业、第六产业的概念：第四产业是基于互联网平台，获取并利用信息和知识资源的产业。第五产业是获取并利用人力资源和文化（包括科学文化）资源的产业。第六产业是跨行业融合与系统经营所催生的新型综合产业。它是以第四产业的信息技术为基础，通过第五产业的创意创新开发，进行跨行业特别是一、二、三产业融合，从而形成新的产业业态，即第六产业。[①②]六次产业与产业融合理论为乡村振兴提供了新的思路，启发人们应跳出农业看农业，从产业融合的视角思考乡村产业振兴。

三、组织制度视角

（一）合作经济理论

规模经济效应导致农民在市场竞争中不断分化，少数竞争获胜者兼并了失败者的土地成为地主，大多数失败者失去土地沦为雇农，严重的土地兼并迫使大多数农民失去赖以生存的土地，进而陷入困苦的生存境地，同时加剧地主与雇农之间的矛盾，使之变得尖锐对立。一旦遇到自然灾害、瘟疫等天灾人祸，生存不下去的农民就可能揭竿而起，严重影响社会的稳定，进而对经济社会造成巨大破坏。为了在与地主等大土地所有者的竞争中获得更有利的地位，合作经济理论应运而生。

西方经济学中的合作经济理论，以罗虚代尔公平先锋社的合作经济组织原则为代表，并随着商品经济和市场经济规则的逐渐成熟而演进。1937年，第15届国际合作社联盟大会将合作社原则归纳为七项：门户放开（入社自愿）；民主管

①张来武．六次产业理论与创新驱动发展［M］．北京：人民出版社，2018．

②冯贺霞，王小林．基于六次产业理论的农村产业融合发展机制研究——对新型经营主体的微观数据和案例分析［J］．农业经济问题，2020（09）：64-76．

理(一人一票);按交易额分配盈余;限制股金分红;实行现金交易;重视社员教育;政治和宗教信仰中立。1966年,国际合作社联盟第23届大会将合作社原则调整为六项:自愿入社(门户放开);民主管理(一人一票);限制股金分红;盈余按交易额分配;重视社员教育;参加国内和国际合作社事业发展。与1937年原则相比,增加了"参加国内和国际合作社事业发展"原则,取消了"现金交易、政治和宗教信仰中立"等内容。1995年,国际合作社联盟第31届大会,将合作社原则进一步修订为七项:自愿和开放的社员制;社员民主管理;社员经济参与;自主和自立;教育、培训和信息沟通;合作社之间的合作和关心社区事业。[①]

经济学家亚历山大·恰亚诺夫(Alexander Chayanov)的著作《农民经济组织》是马克思主义合作经济理论的杰出代表之一。恰亚诺夫认为,合作社不仅能够帮助小农抵御私有资本,尤其是放高利贷者和中间商的剥夺,还能够创造一种经济机制,帮助小农经济适应市场环境,实现整体性的发展。恰亚诺夫设想的合作社是将小农家庭以合作社的方式组织起来,使其成为在技术上具有先进性,同时又免于被地主阶级和资本积累剥夺的农业生产组织。农民在合作社内的合作是在市场竞争的压力下由农民自愿、自然形成的,是建立在家庭或者农民农场基础上的合作,是小农户自下而上的多元合作,是大规模和小规模生产单元的灵活组合,是与生产活动相适应的差异化的最优规模。合作社组织由追求自己利益的小农农场组成,合作社对农民成员负责。合作社存在的目标是提高每个成员的生产率和收入,减轻每个成员个体在生产和家庭管理中的负担与成本,使其免受中间商、销售商和高利贷者的剥削。[②]此外,考茨基认为,农业大生产优于小生产,相对于小生产,大生产在节约土地、人力和牲口,使用农业机械,容易以较低利率获得贷款,进行有效的劳动分工以及提高劳动的效率和质量等方面具有优势。然而,考茨基认为,真正的社会主义农业大生产只有在彻底废除土地私有制之后才能实现。[③]建立在土地社会主义公有制基础上的苏联集体农庄和中国人

①应瑞瑶,刘营军.农业合作社经济的基本原则探析[J].马克思主义与现实,2003(03):116-118.

②潘璐.从"家庭农场"到"农民合作":恰亚诺夫的合作化思想及其对中国现代农业发展的启示[J].开放时代,2020(02):193-205+10.

③考茨基.土地问题[M].北京:生活·读书·新知三联书店,1963.

民公社则是该理论的实践。但实践证明,集体农庄和人民公社超越了当时生产力的发展阶段,未能取得预期中的理想效果。

尽管西方经济学中的罗虚代尔原则和恰亚诺夫的合作经济理论都是建立在土地私有制基础之上的,但从生产力发展阶段的角度而言,这些理论与中国当代农村生产力的发展阶段是大致相似的,所以罗虚代尔原则和恰亚诺夫的合作经济理论对发展农民专业合作社,实现小生产与大市场的有效对接仍具有重要的指导意义。

(二)产权制度理论

产权包括一个人或其他人受益或受损的权利。产权是界定人们如何受益及如何受损,因而谁必须向谁提供补偿,以使他修正所采取的行动。最早研究产权的是科斯(Ronald H.Coase),他指出,只要交易成本为零,那么无论产权归谁,都可以通过市场自由交易达到资源的最佳配置。如果交易成本大于零则不同的权利界定会带来不同效率的资源配置。资源配置效率受到产权界定和交易成本的影响。产权界定不清晰或交易成本过高,将引起外部经济或外部不经济现象,最终导致资源配置不足或过剩。[①]产权理论表明,要实现乡村振兴,在制度设计上必须做到产权明晰,才能调动各方面的积极性,做到激励相容,实现资源的优化配置,满足农业、农村发展的需要。

(三)交易费用理论

交易费用这一概念最早由科斯提出,后经阿罗(Kenneth J.Arrow)明确界定、威廉姆森(Oliver Wlliamson)系统研究,逐步发展成了交易费用理论。交易费用理论指出,企业的成本除了生产成本、管理成本外,还有交易成本。交易成本是围绕着企业与外部交易伙伴进行交易所发生或可能发生的成本,主要包括信息的搜寻成本、谈判成本和协议执行的监督成本,广义的交易成本还包括为了克服交易的时间和空间障碍而发生的储存成本和运输成本。企业之所以存在,就是

①罗必良.新制度经济学[M].太原:山西经济出版社,2005.

因为它能够将若干交易环节内部化而节约交易成本。当然，将若干交易环节内部化会导致企业规模扩大致使组织成本增加。交易成本节约和组织成本增加共同决定了企业的边界，企业应该选择节约的交易成本与增加的组织成本正好相抵的最佳规模。[①]交易费用理论为乡村振兴背景下农业在产业链上的垂直协作提供了理论依据，通过垂直协作实现产业融合，可以将更多的附加价值留在农村，为反哺农业和富裕农民提供了可能。

四、生态环境视角

（一）可持续发展理论

1962年，美国人卡逊出版了《寂静的春天》一书，引起了人们对当时"高消耗、高排放、高污染"发展模式的反思。[②]1981年，美国人布朗(Lester R. Brown)在《建设一个可持续发展的社会》一书中提出以控制人口增长、保护资源基础和开发再生能源来实现可持续发展的观点。1987年，联合国世界环境与发展委员会发表了《我们共同的未来》的报告，正式提出了可持续发展的概念，即可持续发展是既能满足当代人的需要，又不对后代人满足其需要的能力构成危害的发展。1992年，在联合国环境与发展大会上，可持续发展理念得到与会者的广泛认同，并形成了可持续发展理论，从自然、社会、经济和科技等四个方面对可持续发展进行了界定：可持续发展是不超越环境和自然系统更新能力的发展（自然方面）；在不超出支持它的生态系统的承载能力的情况下改善人类的生活质量（社会方面）；当发展能够保持当代人的福利增加时，也不会使后代的福利减少（经济方面）；可持续发展就是转向更清洁、更有效的技术，尽可能接近"零排放"或"密封式"工艺方法，尽可能减少能源和其他自然资源的消耗（科技方面）。[③]可持续发

①罗必良.新制度经济学[M].太原：山西经济出版社，2005.

②卡逊.寂静的春天[M].恽如强，曹一林，译.北京：中国青年出版社，2015.

③国家林业和草原局.【生态文明关键词】之生态文明与可持续发展[EB/OL].(2019-07-31)[2023-03-21].http://www.eco.gov.cn/news_info/31152.html.

展理论指明了乡村产业振兴应遵循以下基本原则：农业生产所造成的环境污染必须控制在当地生态系统自然净化能力的范围之内，农业生产对自然资源的消耗不得超出自然资源的再生能力，农业生产应广泛采用节约资源、环境友好的技术。

（二）循环经济理论

循环经济理论的提出源于对“高消耗、高排放、高污染”发展模式的反思。在《寂静的春天》一书出版后，美国经济学家K.波尔丁首先提出了“循环经济”的概念，即在人、自然资源和科学技术的大系统内，充分利用自然界物质循环规律，现代科学技术和传统生产经验并重，加大资源循环利用力度，减少甚至消除生产废弃物的排放，变“投入→生产→消费→废弃”模式为“投入→生产→消费→废弃→再生资源”模式。循环经济理论为实现农业生产的可持续发展指明了方向：农业循环经济是一种基于自然力和人类作用相结合的物质和能量交换方式，运用物质循环再生原理和多层次、多角度利用技术，能够减少外部有害物质的投入和农业废弃物的产生，从而提高自然资源利用效率和农产品安全水平，为无公害农业、有机农业等绿色农业发展提供了理论依据。

（三）生态价值理论

农业是直接利用自然资源和生态环境开展生产活动的产业，其中农田本身就是自然生态系统的一部分。农业生产活动除了提供农产品外，还有气体调节、气候调节、水源涵养、土壤形成与保护、废物处理、生物多样性保护以及生态娱乐等生态功能。这些由农业生态功能所创造的价值即为生态价值。生态价值理论为乡村振兴提供了新的思路。为了更好地发挥农业和乡村的生态价值功能，应该通过生态补偿的方式为生态涵养区、生态保护区的农民提供相应的补偿，以便兼顾生态保护和农民富裕。

五、基层治理视角

(一)党建引领理论

中国共产党是中国工人阶级的先锋队,也是中华民族的先锋队。为了最广泛地团结各阶层力量,共同推进社会主义建设,实现中华民族伟大复兴,中国共产党吸收各阶层的优秀分子加入党的组织。其中,农民党员便是中国共产党在农民中吸收的优秀分子,是农业生产经营的业务骨干。这些农民党员来自农民,与广大农民群众具有天然的血肉联系,同时这些农民党员作为中国共产党的一员,要接受党的领导,在生产和生活中要带头执行党的路线、方针和政策。因此,健全中国共产党在农村的基层组织,充分发挥党支部的战斗堡垒作用,可以更好地贯彻执行党的群众路线,把党的乡村振兴政策落到实处。党建引领理论为乡村组织振兴指明了方向。

(二)乡村治理理论

治理是一种在共同目标指引下所从事的管理活动,这种活动即使没有得到正式的授权,也依然能够有效地发挥其作用。①治理需要一定的权威介入,但这种权威不局限于政府部门,任何社会自治或中介组织、任何志愿性团体都有资格成为治理主体,都有机会成为权威。乡村治理理论强调治理主体、权力配置的多元化,治理过程的自主化,乡村治理的目标是追求乡村公共利益的最大化。②在中国,乡村治理实行的是中国共产党领导下的村民自治制度。这一制度中,由当地村民中的共产党员组成党支部,并通过选举产生支部委员会,作为党在乡村治理中的代表机构。同时,当地村民选举产生的村民委员会行使民主自治权。党支部和村民委员会通过民主协商的方式管理当地的公共事务。乡村治理的精髓在于民主集中制。党支部及其负责人、村民委员会及其负责人均通过民主选举

①俞可平.治理与善治[M].北京:社会科学文献出版社,2000.

②王新心.乡村治理理论的来源及其核心观点[J].无锡商业职业技术学院学报,2015,15(02):44-46+53.

产生，并需接受当地共产党员和村民的监督。当地共产党员和村民可以依照党章和相关法律规定对党支部及其负责人、村民委员会及其负责人提出罢免，这体现了治理主体的多元化、权力配置的多元化以及治理过程的自主化，在乡村治理中必然追求当地村民的公共利益最大化。乡村治理理论为乡村组织振兴提供了理论依据。

第二章　人多地少型国家农业发展与乡村振兴的国际经验考察

人多地少是重庆市农村的典型特征。世界上有不少人多地少的国家农业发展得十分成功。本章将通过考察荷兰这个典型的人多地少型国家发展现代农业的先进经验，以便为发展重庆市农村经济、实现乡村振兴提供借鉴。

一、荷兰现代农业发展考察

（一）荷兰农业资源禀赋

1.地理位置

荷兰位于欧洲西部，东面与德国为邻，南接比利时，西、北濒临北海，地处莱茵河、马斯河和斯海尔德河三角洲。位于东经3°21′至7°13′、北纬50°45′至53°52′之间。

2.土地资源

荷兰（不含安的列斯群岛）国土南北最远端相距约300千米，东西最远端相距约200千米，总面积为41540平方千米，其中陆地面积33670平方千米。农业

用地面积18120平方千米，约占国土陆地面积的53.82%。耕地（农田）面积10400平方千米，约占农业用地面积的57.40%，临时耕种面积7810平方千米，临时休耕面积9平方千米。永久性草地和牧场7710平方千米，临时草地和牧场2130平方千米。人均耕地（农田）面积约600平方米。[①]

3.地形地貌

低平是荷兰地形最突出的特点。全境皆为低地，四分之一的土地海拔不到1米，四分之一的土地低于海面，除南部和东部有一些丘陵外，绝大部分地势都很低。南部由莱茵河、马斯河、斯海尔德河的三角洲连接而成，国土有一半以上低于或几乎水平于海平面，荷兰的国名因此而得名。部分地区甚至是由围海造地形成的，比如弗莱沃兰省的大部分地区。

4.气候条件

受大西洋暖流影响，荷兰属于温带海洋性气候，冬暖夏凉。荷兰沿海地区夏季平均气温为16 ℃，冬季平均气温为3 ℃。内陆地区夏季平均气温为17 ℃，冬季平均气温为2 ℃。6～8月平均气温为21～26 ℃。冬季阴雨多风，1月平均气温为1.7 ℃。荷兰历史上有记载的最低气温为−27.8 ℃，最高气温达到38.6 ℃。年降雨量约为760毫米。降雨基本均匀分布于四季。1～6月月平均雨量为40～60毫米，7～12月月平均雨量为60～80毫米。每月平均晴天小时数5月份最高，约为220小时，12月份最低，约为39小时。

荷兰农业生产条件并不优越，甚至有些恶劣。2018年荷兰人口为1726万人，人均耕地面积约600平方米，属于典型的人多地少型国家。同时，由于地势低平（约有四分之一国土低于海平面），易受海潮入侵和河流泛滥造成的涝灾；地处高纬度（和我国黑龙江北部相近），光热条件差，日照不足，影响大田作物生长，复种指数低。

（二）荷兰农业发展成就

荷兰属温带海洋性气候，温度低，日照时数少，地势低洼，地下水位较高，土

① 数据来源：联合国粮食及农业组织（2021年数据）。

地构成中25%为砂地，自然资源比较贫乏，农业条件较差，很少有粮食种植和大田种植。畜牧业发达，2021年养殖牛370.50万头，马9.76万匹，山羊57.50万头，鸡9988.70万只，鸭63.20万只；生产猪肉（带骨）171.94万吨，牛肉（带骨）42.96万吨，羊（山羊）肉0.28万吨，羊（绵羊）肉1.56万吨，羊油21.87万套，鸡肉86.94万吨，带壳鸡蛋4316万只，牛奶1421.73万吨，羊奶38.78万吨，牛内脏209.33万套、山羊内脏21.87万套、猪内脏1723.68万套、绵羊内脏63.24万套、猪油1723.69万套。种植业中蔬菜园艺业发达，2021年生产甜菜655.60万吨，干洋葱和小葱191.64万吨，西红柿88万吨，胡萝卜和萝卜64.32万吨，花椰菜和西兰花7.60万吨，菠菜7.47万吨，黄瓜和小黄瓜44.04万吨，青椒44万吨，青蒜0.21万吨，茄子6.30万吨，韭菜和其他含蒜类蔬菜10.50万吨，蘑菇和块菌26万吨，生菜和菊苣33.01万吨，卷心菜23.19万吨，南瓜和葫芦3.61万吨，芦笋1.75万吨，其他豆类（杂豆）6.06万吨，梨34万吨，苹果24.50万吨，樱桃0.82万吨，蓝莓0.85万吨，草莓8.58万吨，葡萄0.19万吨、葡萄干0.75万吨。粮食作物以马铃薯、小麦、大麦、玉米、蚕豆和马豆、燕麦等为主，2021年产量分别为667.56万吨、94.73万吨、19.66万吨、17.14万吨、0.50万吨、0.73万吨。此外，还有亚麻1.13万吨。①

（三）大进大出的外向型农业

外向型农业是荷兰农业的典型特点。2021年，荷兰农产品出口1149.21亿美元，进口793.66亿美元，贸易顺差355.55亿美元。排名前十位的出口农产品分别为未另行说明的原材料（Crude organic material n.e.c.，150.78亿美元）、未另行说明的食品制剂（Food preparations n.e.c.，57.20亿美元）、全脂奶酪（44.36亿美元）、食物下脚料（27.91亿美元）、鸡肉（25.92亿美元）、无骨牛肉（24.57亿美元）、其他非酒精热量饮料（24.51亿美元）、大麦啤酒（21.93亿美元）、婴儿食品（21.66亿美元）、油酥面团（21.27亿美元）。排名前十位的进口农产品分别为未另行说明的原材料（Crude organic material n.e.c.，42.08亿美元）、未另行说明的食品制剂（Food preparations n.e.c.，35.74亿美元）、可可豆（22.97亿美元）、大豆（21.73亿美

① 数据来源：联合国粮食及农业组织（2021年数据）。

元)、棕榈油(20.89亿美元)、经化学改性的动植物油脂及其组分(20.01亿美元)、酒(16.90亿美元)、巧克力制品(15.87亿美元)、玉米(15.84亿美元)、油酥面团(15.39亿美元)。[①]

可见,荷兰的农业除了养活本国国民外,还有超过350亿美元的贸易顺差。更重要的是,荷兰只有127.98万乡村人口,[②]在农业生产条件恶劣、自然资源贫乏的条件下,一个荷兰农民所生产的农产品可以养活13.49个荷兰人。

二、荷兰农业成功的奥秘

我们常说"中国以不到世界7%的耕地养活了世界22%的人口"并引以为傲,但我们同样面临约1.71亿农民"搞饭吃"的窘境。我国一个农民生产的农产品能养活8.26个中国人,但仍面临1354.7亿美元的农产品贸易逆差(2021年数据)。虽然我国农业发展取得了巨大的成就,但与荷兰等农业发达的国家相比,还有一定的差距。为什么荷兰农业会如此成功呢?

(一)充分发挥本国农业资源比较优势

荷兰属于温带海洋性气候,适合牧草但不适合小麦等粮食作物生长。荷兰因地制宜地把农业生产的重点放在畜牧业和以花卉、蔬菜等园艺作物为主的种植业上,大力发展生猪、肉牛、奶牛、肉鸡、蛋鸡等养殖业,少生产甚至不生产谷物等土地密集型非优势农产品。这样,充分发挥了本国农业资源的比较优势,在国际市场上赢得了一席之地。

(二)设施农业发达

荷兰农业大都是温室农业。据统计,荷兰玻璃温室面积达到110万平方千米,约占全世界温室总面积的四分之一。玻璃温室约60%用于花卉生产,40%

① 数据来源:联合国粮食及农业组织(2021年数据)。

② 数据来源:联合国粮食及农业组织(2021年数据)。

主要用于果蔬类作物（主要是番茄、甜椒和黄瓜）生产。①在玻璃温室环境控制方面，荷兰实现了全部自动化控制，包括光照系统、加温系统、液体肥料灌溉施肥系统、二氧化碳补充装置以及机械化采摘、监测系统等。②玻璃温室全面自动化，加上先进的知识和技术，生产出的作物产量和品质都很高，生产出来的农产品大多出口其他国家。荷兰的花卉、蔬果等产品生产大多在温室进行，可全年生产，并广泛采用计算机监控温度、湿度、光照、施肥、用水、病虫害防治。应用自动控制大幅提升了设施作物的产出效率和品质。荷兰园艺业仅用5.8%的土地创造出了35%的农业总产值，其番茄的鲜度、外相、无农药等指标优于西班牙番茄，其单产也比欧洲其他国家高。③

（三）现代农业科学技术装备农业

荷兰可以成为农业强国，主要是依托现代化高科技技术种植模式，荷兰采用了高标准玻璃智能温室、智能化环境控制体系、现代化栽培技术、智能化管理技术等，这些不但可以改善农产品的生长环境，还能够提高农产品产量和品质，也进一步减少了人工成本，整体提高了生产效率。④

现代化栽培技术是荷兰温室农业发展的核心。在荷兰设施栽培中，无土栽培比例高达80%，而设施园艺的无土栽培比例高达90%。⑤现代化的生产技术包括品种选择、植株管理技术、无土栽培技术、嫁接技术等。荷兰温室采用自动化灌溉系统，对温室作物进行精准施肥，同时坚持源头控制和综合防控病虫害，保障产品安全。⑥

---

① 薛鑫.我国现代温室距离世界先进水平还有多远[J].蔬菜，2019(05):6-12.

② 李云乐，黄国俊，张文菲.荷兰设施蔬菜生产经验对国内蔬菜生产的启示[J].蔬菜，2020(11):59-61.

③ 谢亚轩，刘亚欣.大农业谋定国际竞争力 荷兰小国对话国际农民丰收节贸易会[EB/OL].(2023-08-19)[2024-03-29].https://weibo.com/ttarticle/p/show? id=2309404936507223048669.

④ 海诺记.耕地面积只有中国的0.5%，仅凭农业却喂饱了世界？结果却是这样的[EB/OL].(2020-06-01)[2024-03-30].https://baijiahao.baidu.com/s? id=1668261752398917646&wfr=spider&for=pc.

⑤ 郑风田.【强国讲堂】郑风田：全面推进乡村振兴 加快建设农业强国(3)[EB/OL].(2023-10-13)[2024-03-30].http://www.71.cn/2023/1013/1211689_3.shtml.

⑥ 中农大农业规划设计院."弹丸小国，喂饱世界"荷兰农业为什么这么牛[EB/OL].(2023-07-03)[2024-04-13].https://baijiahao.baidu.com/s? id=1770381418638563703.

（四）绿色生态数字农业

荷兰的设施农业中生物防控以及天敌的应用非常普遍，化学农药使用比例较小，在10%～20%，物理和生物防控比例基本在60%～80%，[①]甚至一些设施基地不用任何化学药剂，[②]完全达到有机水平。同时，荷兰很注重信息化操作和田间监测、大数据收集，通过大数据和云技术的应用，一块田地的天气、土壤、降水、温度、地理位置等数据上传到云端，在云平台上进行处理，然后将处理好的数据发送到智能化的大型农业机械上，指挥它们进行精细作业，实现增产增收。[③]

（五）农业适度规模经营

由于耕地不足，荷兰比任何国家都更重视提高农业劳动生产率。荷兰在人均农田面积非常有限的条件下，依然选择通过扩大农场单体量来提高农业劳动生产率。据统计，荷兰设施园艺农场（不含露地种植和牧场）的平均农地面积达0.03平方千米，一些超大型农场甚至达到0.1平方千米以上，单个农场年均收入是欧洲平均水平的5倍。目前荷兰共有12万个农场，其中种植业平均每个农场0.5平方千米，畜牧业平均每个农场0.4平方千米，园艺业平均每个农场0.02平方千米，所有各种农场平均规模为0.16平方千米。这种较大规模并连成一片的农场适合采用集约化、规模化的生产方式，寻求规模效益。[④]

（六）农业高度组织化

与许多欧洲国家一样，荷兰的家庭农场的规模一般都比较小，但是农业合作社组织的类型非常多，分为信用合作社、供应合作社、农产品加工合作社、销售合作社和服务合作社。[⑤]这些合作社从种苗生产、服务组织、收购、分拣、销售等不同的环节为社员企业提供产前、产中、产后的全程服务。这样的组织模式对于提

① 侯振全，薛平．荷兰设施园艺产业机械化智能化考察纪实[J]．当代农机，2019(01):56-57.

②李云乐，黄国俊，张文菲．荷兰设施蔬菜生产经验对国内蔬菜生产的启示[J]．蔬菜，2020(11):59-61.

③ 刘彦，张晓敏．荷兰怎样发展高效生态农业[N]．学习时报，2021-11-19(002).

④ 马云华．解码|荷兰农业闻名世界的原因，中国农业该如何赶超？[EB/OL]．(2017-09-03)[2024-03-29].https://baijiahao.baidu.com/s? id=1577527890059499522&wfr=spider&for=pc.

⑤张维泰，张海霞．小农户融入现代农业生产体系的国际经验借鉴研究[J]．农业经济，2021(10):6-7.

升荷兰农业在国际市场上的竞争力发挥了关键作用。同时,荷兰农业合作社实行多重会员制,即一个农民可以同时成为几个合作社的社员;为了保护合作社的利益,全部农业合作社都被组织于全国农业合作局,全国农业合作局的职责主要是代表合作社的利益,协调合作社之间的关系,协调合作社与其他经济组织之间的关系,推动合作社事业的发展。合作社在农业技术交流、农产品加工和销售等方面发挥着重要作用,通过合作社的加工、销售活动,使农户与合作社之间形成了紧密联系,发展了农业一体化经营。①

(七)农产品分销体系高效

荷兰80%以上的鲜花是通过拍卖市场成交的,这一平台将众多花农与全球各地的鲜花批发商直接连接起来,可在极短时间内完成大量且复杂的交易,日均交易在10万次以上,年均交易额达44亿欧元。有百年历史的Flora Holland鲜花拍卖公司,为7000多家花农与全球2500个买家提供高效交易平台,日均拍卖出售鲜花3000万份,成交品第二天就能出现在纽约、东京等世界各地的花店里。②将所有销售活动外包给Flora Holland是有效的,尤其是对小种植者来说,这增加了实现更高利润的机会。尽管他们支付了更高的佣金,但由于佣金和利润之间的正相关关系,他们得到了更高的利润。

蔬果、花卉、谷物等领域的农户,大多通过自发成立的合作社与批发商、零售商直接议价,达成销售合约。根据合作社架构,农民作为合作社成员的权益类似于股份公司的股东,成员大会负责做出重大决策和任命管理层,合作社在收购价格等方面能照顾农民的利益。蔬果种植户共同成立的Coforta合作社,其全资子公司The Greenery承担约900个农场的产品分销工作。The Greenery与欧美和亚洲的批发商、大型连锁超市以及农产品加工企业紧密合作,除销售产品外,还提供与具有相应资质的实验室合作进行农产品检验、借助完善的物流网络将蔬果直接运输到连锁超市各个分店、协助零售商做产品营销和宣传等多种增值

①侯振全,薛平.荷兰设施园艺产业机械化智能化考察纪实[J].当代农机,2019(01):56-57.

②谢亚轩,刘亚欣.大农业谋定国际竞争力 荷兰小国对话国际农民丰收节贸易会[EB/OL].(2023-08-19)[2024-03-29].https://weibo.com/ttarticle/p/show? id=2309404936507223048669.

服务。[①]

在乳品、小牛肉、甜菜等行业，则由覆盖产业链的大型集团，直接从所属农场收购初级原料，加工成各类制品后进行销售。乳业巨头菲仕兰坎皮纳公司(Friesland Campina)拥有1.4万家奶牛场，每年收购牛奶约1000万吨，其生产的奶酪、奶粉、奶油、黄油等制品销往100多个国家，控制着"从牧场到餐桌"的整条供应链。[②]

实践表明，从鲜花产品的"拍卖方式"，到蔬果等领域的"合作社集体议价方式"，再到乳品等行业"基于一体化集团的内部收购方式"，荷兰基于不同农产品的特点创新的多种现代化交易方式，是其成为全球农产品出口大国的渠道保障。

三、荷兰农业发展的启示

(一)充分发挥资源比较优势

一个国家或地区需要的农产品是多种多样的，但一个国家或地区的资源禀赋并不适合生产所有农产品。荷兰人多地少，不适合发展土地密集型的大田作物。同时，荷兰地处北温带，属于温带海洋性气候，适合发展畜牧业，而不适合生产非温带的热带、亚热带农产品。因此，荷兰选择了能够发挥资源优势的畜牧业、养殖业和以花卉、蔬菜等园艺作物为主的种植业，扬长避短，为本国在国际农产品贸易中赢得竞争优势奠定了基础。

(二)广泛应用现代先进农业生产技术，大力发展设施农业

科学技术是人类同大自然作斗争的经验总结，是人类战胜自然、征服自然的利器。农业生产技术的进步，为人类改造自然、对抗自然风险提供了可能。荷兰

①驻荷兰经商参处.荷兰农产品分销体制[EB/OL].(2014-11-20)[2024-04-02]. http://nl.mofcom.gov.cn/article/ztdy/201411/20141100803014.shtml.

②驻荷兰经商参处.荷兰农产品分销体制[EB/OL].(2014-11-20)[2024-04-02]. http://nl.mofcom.gov.cn/article/ztdy/201411/20141100803014.shtml.

农业在发展过程中广泛采用现代农业先进技术，用人类取得的科学技术成果武装农业，发展了举世闻名的设施农业，不仅有效地战胜了农业生产中的自然灾害，还改善了动植物生长发育的条件，减轻了病虫害，提高了农产品的产量和品质，提升了本国农产品的国际竞争力。农业可以是劳动密集型的，也可以是土地密集型，还可以是技术密集型的。大量采用先进技术，可以在一定程度上弥补土地等要素的不足，这是荷兰农业发展的宝贵经验。

（三）重视提高劳动生产率，实行适度规模经营

荷兰人多地少，但荷兰农业并没有选择劳动密集型发展模式，而是通过实行适度规模经营，追求规模经济效益来提高劳动生产率，进而提高农民的收入水平。与之相结合的是，荷兰高度重视农业职业教育[①②]，几乎每个农民都掌握了与现代农业生产技术相匹配的职业技能。在荷兰，农业生产劳动是一种有技术含量的工作，而不是简单的体力劳动。

（四）开展多角度、全方位合作，实现农业生产经营的高度组织化

随着经济社会不断发展，自然经济不断解体，人类社会几乎所有的经济活动都被卷入到复杂的社会大分工中，小农经济作为传统自然经济的产物，逐渐退出历史舞台。为了应对日益激烈的农产品市场竞争，荷兰发展了多种形式的农业专业合作社，为农民提供全产业链服务，极大地提高了农业生产经营的组织化程度。荷兰农民通过组建合作社，依靠集体的力量摆脱了生产的无序状态，降低了交易成本，提升了在市场交易中的谈判地位，避免了恶性竞争，维护了自己的合法、正当权益。

（五）建立了高效的农产品分销体系

荷兰农民依托合作社或通过拍卖市场或与批发商、零售商签订销售协议或

①王守聪，邢晓光，陈永民，等.荷兰职业教育和农业教育的特点及启示[J].世界农业，2014(01)：142-147.

②盛宁.荷兰农民职业教育对我国新型职业农民培育的启示[J].现代化农业，2019(08)：45-46.

与覆盖全产业链的大型集团直接对接的方式，建立了农产品直销或短渠道销售体系，降低了销售成本，提高了销售效率，实现了农产品生产与消费的有效对接。

总之，立足于自身资源优势，因地制宜地发展自己的主导产品，建设资本密集型、知识密集型、技术密集型农业，重视农业职业教育，培养高素质职业农民，及时、充分、有效地采用现代先进农业生产技术发展高技术农业，广泛开展农业横向合作和纵向协作，提高农业的组织化程度，实行农业规模化经营，建立高效的农产品分销体系，这些宝贵经验对重庆市发展现代农业、推进乡村振兴有借鉴意义。

第三章　农村集体经济实现形式分析与展望

邓小平关于农业“两个飞跃”的思想表明，发展农村集体经济是乡村振兴的必然选择。土地改革后，中国农村集体经济先后经历了互助组、初级合作社、高级合作社、人民公社和家庭联产承包责任制等实现形式。集体经济实现形式演变的内在逻辑是什么？什么样的集体经济实现形式能适应当前生产力发展水平、有效应对农产品市场对外开放所带来的冲击？这些是中国农村经济发展亟待回答的问题。现有的制度安排无法获得某些潜在利益，就会产生改变现有制度安排的需求，正是获利能力在现有的制度安排结构内无法实现，才导致了一种新的制度安排的形成。本章在制度变迁理论指导下，分析中国农村集体经济实现形式的演变过程，并探讨其未来的演变趋势。

一、中国农村集体经济实现形式演变的内在逻辑解释

（一）互助组——中国农村集体经济制度的萌芽

土地改革后，农民按其家庭人口的数量获得了相应的土地，但当时中国经历了百年战乱，水利工程等农业生产基础设施被严重破坏，单个农户势单力薄，无法面对农业生产中的自然风险。于是，部分农民自发组建互助组，在农业生产中

互帮互助，试图依靠集体的力量战胜自然灾害对农业生产造成的威胁。互助组没有改变土地的个体所有性质，不属于集体经济，但它是农民在农业生产中展开合作的开始，可以看作是农村集体经济制度的萌芽。

（二）初级合作社——中国农村集体经济制度的发端

互助组提高了农民的抗灾能力，让更多农民看到了通过合作抵御自然灾害的可能，激发了他们参加互助组、扩大合作范围和规模的强烈愿望。同时，互助组的成功符合政府恢复和发展农业生产的政策目标。于是，在政府倡导下，更规范、更正式的制度安排——初级合作社出现了。农民把自己的土地、农具和役用牲畜的使用权让渡给合作社，由合作社统一安排使用，农民凭自己让渡的土地、农具和役用牲畜的数量，以及所提供的劳动的数量和质量分享合作社经营成果。初级合作社实现了农业生产要素的集中统一支配，顺应了农民扩大合作范围和规模、追求更大利益的愿望。初级合作社的建立和推广给农民带来更多实惠，得到农民的拥护和支持，是农民基于自身利益驱动的、更高层次的合作，也符合马克思主义经典作家关于集体经济发展路径的设想，可以看作是农村集体经济制度的发端。初级合作社的建立顺应了农民的强烈愿望，带有强烈的诱致性制度变迁色彩，但它是在政府的推动下实现的，属于强制性制度变迁。

（三）高级合作社——中国农村集体经济制度的升级与异化

在制度设计上，高级合作社是初级合作社之间的联合，合作的深度和广度进一步拓展，理论上有利于农民对抗农业生产中的自然风险和市场风险，符合广大农民的根本利益，也是初级合作社进一步顺应农业生产力发展的必然结果。不过，高级合作社应该建立在初级合作社充分发展的基础上——广大农民从思想上认识到现有的合作范围和规模不足以应对农业生产中的自然风险和市场风险，需要与其他初级合作社携手合作时才是发展高级合作社的最佳时机。但由于当时的政策制定者认为合作社越大、公有化程度越高越符合经典作家对社会主义制度公有制的设计，初级合作社在建立后的极短时间内就在政府的推动下向高级合作社过渡。由于广大农民在思想认识上准备不足，再加上仓促扩大合作社的范围和规模，组织管理成本过高，高级合作社虽然在公共产品和公共服务供给方面具有一定优势，但在实践上因操之过急而脱离农业生产实际，超越了当时生产力发展水平的需要，在一定程度上损害了农民的利益。因此，高级合作社虽然是中国农村集体经济在初级合作社基础上的升级，但也出现了一定程度上的异化。由初级合作社到高级合作社的制度变迁是在政府强势主导下完成的，是典型的强制性制度变迁，被实践证明是不成功的。

(四)人民公社——中国农村集体经济制度升级与异化加剧

受当时"左"倾错误思想的影响，政策制定者认为公有化程度越高越能促进生产力发展。于是，在"大跃进"的推动下，刚建立不久的高级合作社"跑步进入""一大二公"的人民公社时代。人民公社模式虽然在后期经历了"三级所有，队为基础"的调整，经营规模有所缩小，但政社合一的发展模式没有实质性改变。政社合一的制度安排可以降低交易成本，有利于在全社范围内集中力量进行兴修水利、开垦荒地、改良土壤、推动科学种田，有利于政府加强对农业生产的控制，将大量农业剩余转移到工业领域夯实国家工业化的基础，特别是促进重化工业优先发展的国家发展战略的推进，但也导致农民生活水平长期得不到显著提高，打击了农民的生产积极性，滋生了以偷懒为代表的"搭便车"行为，背离了农民发展集体经济的初衷，遭到农民一定程度上的抵制。[①]因此，从农村集体经济制度变迁的角度来看，人民公社是中国农村集体经济制度升级和异化的加剧，是更加激进的强制性制度变迁。

(五)家庭联产承包责任制——中国农村集体经济制度的回调

重化工业优先发展战略的推行，使国家初步形成了完整的国民经济体系，一定程度上推进了国家的工业化进程，但也导致农民生活条件长期得不到明显改善，引起农民的强烈不满，造成了严重的社会危机。改善农民生活条件，缓和社

①徐勇，沈乾飞．市场相接：集体经济有效实现形式的生发机制[J]．东岳论丛，2015，36(03)：30-36.

会危机成为当时的政策制定者面临的重要课题。从当时的国际形势来看,中国与西方国家关系缓和,西方国家逐步向中国开放市场,使中国有了发挥自己的比较优势参与国际分工从而发展国民经济的可能。因此,国家安全形势的好转使得重化工业优先发展战略逐步让位于比较优势发展战略,国家转移农业剩余发展重化工业的战略需要逐步降低,推行土地农村集体所有制基础上的家庭联产承包责任制,既能满足农民的诉求,又能满足将农村剩余劳动力从土地中解放出来发展劳动密集型工业、参与国际分工的需要。在经营权方面,"包产到户",农民获得自主经营权。在收益权方面,农民在履行了对国家和集体的义务的前提下获得了土地经营的剩余索取权。在农业经营形式上,农民回到了合作社之前的分户经营状态,但保留了土地集体所有制,是农村集体经济制度的一次"深度回调",而不是对农村集体经济制度的彻底否定。从制度变迁的角度看,家庭联产承包责任制符合农民意愿,是在诱致性制度变迁基础上的强制性制度变迁。

二、中国农村集体经济发展面临的新挑战

(一)家庭联产承包责任制的得与失

从制度设计的初衷来看,"包产到户"并不是家庭联产承包责任制的全部内容。制度设计者的初衷是在农村实行统分结合——宜统则统、宜分则分的双层经营制度,把农业生产中集体监督成本高甚至难以监督的环节交由农户经营,单个农户无法完成的环节则由集体统一经营,这样既规避了部分个人利益至上的农民的偷懒行为,又避免了传统小农单打独斗不能适应农业社会化大生产的弊端。按照家庭联产承包责任制的制度设计,农户在集体确定产品品种的前提下,承包一定量的土地展开生产,农户和集体按照承包契约约定产品的产量及品质分享农业生产经营的收益;至于对市场需求的预测、生产什么、生产多少、如何生产(生产的技术规范)、基本生产资料采购、技术培训、产品销售(包括加工)都应

该由集体通过发挥“统”的职能来完成。[①]但是,家庭联产承包责任制在实施过程中走向了一个极端——分得干净彻底,农村集体经济组织丧失了发挥“统”的职能的物质基础,致使农村集体经济组织被空心化。[②]由于农村集体经济组织不能发挥“统”的职能,以致传统小农经济的先天不足暴露无遗:小生产与大市场无法有效对接,导致农民贵买贱卖,在市场交易中处于不利地位;近似完全竞争的市场导致农民无法准确预测市场需求、协调彼此的生产行为,致使农产品供给结构性失衡,农业生产大起大落,农业生产的市场风险被成倍放大;过高的交易成本导致先进农业生产技术推广普及缓慢,致使中国农业生产技术水平远低于当代农业技术革命所提供的可能。因此,家庭联产承包责任制尽管在克服分配上的平均主义方面具有显著的进步意义,但无法适应市场经济体制下社会化大生产对农业生产的要求。

(二)农村集体经济面临的严峻挑战

尽管政策制定者在20世纪80年代中后期就意识到了家庭联产承包责任制的局限性,出台了允许土地向种田能手、经营大户流转的政策,并于21世纪初颁布了《中华人民共和国农民专业合作社法》,倡导发展农民专业合作社,部分地区进行了农村集体经济新的实现形式的探索,涌现出一批富有生机和活力的专业合作社、土地股份合作社,但中国农业生产的主体形式仍是土地集体所有制基础上的农民分户经营。传统小农经济的固有弊端使中国农业生产面临严峻挑战。

1.农村优质人力资源流失

农村优质人力资源流失不是家庭联产承包责任制实施后才出现的。早在合作社和人民公社时期,国家为了满足工业化建设对人才的需要,就以大中专院校招生、征兵、国有企业招工的方式从农村选拔科学文化素质较高、身体素质较好的人才进入城市和非农领域。不过,在当时计划经济体制下,农村优质人力资源流失的数量是受控制的。家庭联产承包责任制赋予了农民择业自主权,城市和

①姚发野.不断完善统分结合的双层经营体制[J].求实,1992(02):32-33.

②王娜,胡联.新时代农村集体经济的内在价值思考[J].当代经济研究,2018(10):67-72.

非农领域相对较高的工资收入和较好的工作条件对农民产生了极大的吸引力，进城务工成为有一定文化知识、身强力壮的农民的主要就业途径。农民进城务工，既满足了城市经济和非农领域发展对廉价劳动力的需求，又增加了务工农民的家庭收入。然而，这一现象对农村与农业发展的影响却是利弊并存的，且弊大于利。尽管对进城务工的个体农民而言是有益的，但它也导致了大量受过一定教育、身体健康的优质人力资源流失（从理论上讲，家庭联产承包责任制并非农村优质人力资源流失的必然原因，其根本问题在于该制度下土地按人口均分，导致农户经营规模过小，进而造成农业劳动生产率低下）。这种流失现象形成了所谓的“抽水机效应”[①]，造成了农业劳动力老龄化[②③]。“能进城的都进城了”，这对机械化程度不高，主要依靠体力劳动的中国农业造成了严重冲击，[④]导致了农村空心化和农业边缘化[⑤]。

2.无力应对国外廉价农产品冲击

城市和非农领域相对较高的工资收入，增加了农民从事农业生产的机会成本。为了保障粮食安全及确保足够的农产品供应，政府采取了提高农产品收购价格的策略，旨在保证留在农村的农民能获得可接受的最低收入。这一策略在国内农产品市场相对封闭的情况下或许可行，但在农产品市场日益开放的今天是无效的。农产品价格普遍高于国际市场，[⑥]削弱了中国农产品的国际竞争力，[⑦]致使中国农产品既难以拓展国际市场，又难以被国内消费者接受。较高的农产品价格虽然保证了中国农业生产维持在较高的产量规模上，但也引来国外

①阮荣平，郑风田．“教育抽水机”假说及其检验[J].中国人口科学，2009(05)：36-45+111.

②何小勤．农业劳动力老龄化研究——基于浙江省农村的调查[J].人口与经济，2013(02)：69-77.

③郭晓鸣，任永昌，廖祖君，等．农业大省农业劳动力老龄化的态势、影响及应对——基于四川省501个农户的调查[J].财经科学，2014(04)：128-140.

④魏君英，夏旺．农村人口老龄化对我国粮食产量变化的影响——基于粮食主产区面板数据的实证分析[J].农业技术经济，2018(12)：41-52.

⑤项继权，周长友．“新三农”问题的演变与政策选择[J].中国农村经济，2017(10)：13-25.

⑥陈锡文．陈锡文：国内农产品价格普遍高于国际市场 但进口绝对不能全放开[EB/OL].(2017-09-27)[2023-04-20].https://www.sohu.com/a/194850757_115479.

⑦黄季焜．农业供给侧结构性改革的关键问题：政府职能和市场作用[J].中国农村经济，2018(02)：2-14.

廉价农产品大量涌入,造成“国货入库,洋货入市”的现象,国产农产品库存积压严重。①

3.政府监管困难

面对上亿独立生产的农户,政府监管成本极高,以致有效监管变得几乎不可能。同时,由于生产规模非常小,违约及违法成本低,声誉机制失效。农户既没有意愿也没有能力为自己生产的农产品建立品牌,导致农产品品质参差不齐,难以满足消费升级的市场需求,甚至存在重金属及农药残留超标问题,不符合食品安全基本要求。②

三、新型农村集体经济实现形式的未来演变趋势展望

没有农业和农村的现代化,就不可能有整个国家的现代化。因此,实现农业和农村现代化,确保国家粮食安全,并满足人民对美好生活的需要,是当前中国经济社会发展战略的必然要求。面对当前农村集体经济面临的严峻挑战,创新农村集体经济的实现形式成为实现农业和农村现代化的必由之路。

(一)辩证看待人民公社制度的得与失

政社合一的人民公社体制有助于实现农业规模化经营,通过集中有限的资源,提供农业生产所必需的公共产品与公共服务,进而促进农业生产的发展。根据中国国家统计局提供的资料测算,在1958—1978年的人民公社时期,全国农村耕地有效灌溉面积增加了0.37倍,年均增长1.59%;农业机械总动力增加了95.79倍,年均增长24.33%;化肥施用量增加了21.63倍,年均增长17.15%。1979—2018年,上述指标的年均增长率却分别只有1.05%、5.37%和4.75%。从农产品产出来看,粮、棉、油产量分别增长了0.54倍、0.10倍、0.09倍,年均增长率

①杜辉.论农产品价格支持新政及其对农业国际竞争力的影响[J].江西财经大学学报,2019(04):91-100.

②何秀荣.关于我国农业经营规模的思考[J].农业经济问题,2016,37(09):4-15.

分别为2.19%、0.48%、0.45%；而1979—2017年上述指标的年均增长率却分别只有2.01%、2.49%和0.21%。可见，除了棉花生产增速低于家庭联产承包责任制时期外（这与当时实行的以粮为纲的政策有关），粮食、油料生产的增速均高于家庭联产承包责任制时期。这固然有人民公社时期起点低的因素，但至少说明人民公社制度在改善农业生产基本条件、增加农业产出方面是有效率的。[①②]至于在提高农民生活水平方面，人民公社时期农民的恩格尔系数不降反增（由1957年的65.70%上升到1978年的67.70%），[③]但笔者认为这一时期农民民生改善效果不彰不是由人民公社制度本身造成的，而与当时的国家发展战略有关。当时国家推行重化工业优先发展战略，高达5100亿元农业剩余被转移到工业领域以完成资本原始积累，约占同时期（1953—1978年）农业净产值的三分之一，[④]如果这些农业剩余留在农村用于改善农民的生活条件，那么农民生活肯定要富裕得多。当然，人民公社制度也是有缺陷的，比如内部产权模糊，片面强调按劳分配。从历史发展脉络来看，该制度经历了从互助组到初级社，再到高级社的演变过程。在这一进程中，原本属于农民个人的土地、耕畜、大型农机具等生产资料入社后转变为集体所有。到了高级社乃至人民公社阶段，连分红也被取消了，这在一定程度上侵犯了农民的财产权，剥夺了他们的资产收益权。按份共有的模式转变为共同所有，这样的变革不利于充分调动农民的生产积极性。又比如，片面强调"一大二公"，农民"全民"入社且不得退社，既剥夺了农民的自由选择权，打击了农民的生产积极性[⑤]，又导致人民公社留优汰劣的惩戒机制无法发挥作用。辩证地看待人民公社制度，并不意味着笔者主张重新回到人民公社时代。人民公社制度在促进农业生产条件改善和增加农业产出方面展现出效率，其根本原

①邓宏图，崔宝敏．制度变迁中的中国农地产权的性质：一个历史分析视角[J]．南开经济研究，2007(06)：118-141.

②冯裕强．工分制以及工分的稀释化——以广西华杨大队第十生产队为例[J]．现代哲学，2018(06)：52-62.

③数据来源：《新中国60年统计资料汇编》。

④许经勇．用资本原始积累审视我国"三农问题"[J]．调研世界，2008(08)：3-6.

⑤李里峰．集体化时代的农民意愿表达与党的农村政策调整[J]．南京政治学院学报，2014，30(01)：91-97.

因在于有效实现了农业的规模化经营。全面认识人民公社制度,有助于我们在创新农村集体经济实现形式时取长补短。

(二)合作社、股份合作社是当前农村集体经济组织实现形式演变的方向

1.以家庭联产承包责任制为基础的合作社能够真正做到"统分结合"

在家庭联产承包责任制下,农户的超小规模经营成为当前农村集体经济面临严峻挑战的核心因素。相较于单打独斗的农户,合作社(涵盖农民专业合作社和土地股份合作社)展现出明显的进步性。它真正实现了"统分结合",能根据实际情况灵活调整"统"和"分"的内容,做到"宜统则统(合作社制度下的'统'是基于农户自身利益的合作,是农户的自主选择,与人民公社体制下强制性的'统'有本质区别)、宜分则分",既避免了传统人民公社体制下过度统一的弊端,又激发了农民的生产积极性,同时增强了农民抵御自然风险和市场风险的能力,有利于农业和农村经济的发展。与传统的人民公社制度相比,合作社与社员之间实行双向自由选择。社员若对合作社的经营决策不满可按章程有序退社;同样,合作社对不遵守章程的社员也有权责令其退社,实现优胜劣汰、奖勤罚懒。这种双向约束机制既保障了农民的利益,也确保了合作社的高效运作。

2.家庭农场终将走上合作社道路

发展家庭农场是国家推动农业转型、提升农业生产效率的关键举措,但家庭农场的成功除了要具备土地要素外,还要具备资本、劳动、企业家才能等方面的要素[①]。单个农户仅凭自身积累难以满足这些要求。同时,家庭农场难以单独解决农业基础设施如灌溉、病虫害防治、市场预测、品牌建设等俱乐部物品供给问题,这正是欧美农业大规模经营中合作社依然兴盛的重要原因。鉴于中国人多地少的国情,家庭农场规模难以与欧美比肩,因此家庭农场并非当前中国农村集体经济的有效实现形式。家庭农场有必要进一步合作向合作社方向发展。有

①纪志耿,黄婧.拥有什么条件才能成为家庭农场主——经营规模测算及自立能力分析[J].农村经济,2014(06):3-7.

研究表明，加入合作社可以提高家庭农场的绩效，[①]在适度规模经营的家庭农场的基础上组建农民合作社，是创新农业生产经营组织体制的有效途径[②]。

3.股份合作社可以吸纳先进生产要素进入农业领域

合作社能够在一定程度上解决“统”与“分”的问题，然而，基于自然村社建立的合作社规模仍然偏小，难以与实行规模化经营的农业公司相竞争。在中国，农民普遍面临着土地面积小、资金匮乏、技术和经营管理能力不足的困境。尽管多个农户联合成立合作社可以扩大经营规模，从而在一定程度上解决“统”的问题，但这不足以改变他们在资金、技术和经营管理上的短板。因此，合作社需要吸纳那些拥有充足资金、先进技术和出色经营管理能力的人员加入。在传统家庭承包经营制度下，农民群体出现了分化，部分农民发展成种养大户，部分农民进城成了农民工，还有部分农民因缺乏资金、技术、劳力或经营管理不善陷入贫困。那些拥有充足资金、先进技术和出色经营管理能力的成员难以接受“一人一票”的决策规则和按惠顾额分配盈余的原则，因此他们倾向于在组织中争取更多的话语权和收益权。双方博弈的结果是合作社向股份合作社转型，其中，资金、技术的拥有者以及经营管理者持有相对较大的股份。[③]股份合作社解决了先进生产要素进入农业的问题（土地股份合作社为了吸引投资者、技术人才和管理人才，在股份结构中设置资金股、技术股和管理股，与现有的土地股、农龄股并列，土地股份合作社就演变成股份合作社），能够适应不同发展程度的生产力水平，是未来中国农村集体经济实现形式演变的重要方向。自21世纪初以来，政府出台了一系列政策，如土地确权、“三变”改革等，旨在鼓励农民发展合作社。然而，由于农户分散决策导致交易成本过高，合作社、股份合作社发展缓慢，多数地区仍处于初步阶段（笔者在重庆市的调查表明，约80%以上的村尚未建立真正意义上的合作社，更遑论股份合作社）。

---

①刘同山，孔祥智.加入合作社能够提升家庭农场绩效吗？——基于全国1505个种植业家庭农场的计量分析[J].学习与探索，2019(12):98-106.

②赵晓峰，刘威.“家庭农场+合作社”：农业生产经营组织体制的理想模式及功能[J].天津行政学院学报，2014，16(02):80-86.

③孔祥智.中国农民合作经济组织的发展与创新(1978—2018)[J].南京农业大学学报(社会科学版)，2018，18(06):1-10+157.

（三）基于全产业链运营的农业企业集团是未来农村集体经济实现的主体形式

从整个农产品价值链视角来看，附加价值较高的环节主要集中于两端，即农产品（优良品种）研发与营销。①尽管股份合作社成功把先进的生产要素引入农业领域，但其经营活动仍局限于传统的种植和养殖环节，因此无法分享到加工和销售环节带来的丰厚利润。同时，大多数农产品，尤其是生鲜农产品保质期短，在交易过程中容易被交易伙伴利用，被迫接受不利的交易条件。此外，这些农产品也无法通过产业链的上下游环节来有效分散市场风险。虽然理论上股份合作社可以通过前向或后向一体化的方式延伸产业链，但这一策略需要巨额的资金和人才投入，这对大多数股份合作社来说是不现实的。同时，农产品加工、销售企业虽然拥有先进的技术、雄厚的资金、丰富的经营管理经验和强大的市场拓展能力，但仍需稳定的农产品生产基地，以保障农产品品质的稳定并符合市场需求。农业全产业链运营模式不仅可以稳定产业链各环节的供求，最大限度地降低市场风险，还可以降低各环节间的交易成本，促进农业生产先进技术的推广，增强农产品品质的可控性，提高全产业链的运作效率和效益②，进而提升市场竞争力，有效应对国际市场竞争压力（众多国内外农业巨头，如国际四大粮商及中粮、伊利、双汇、鲁花、西王等，均已实现全产业链运营）。农产品加工、销售企业虽然可以选择租用农民的土地来建立生产基地，但面临高昂的土地租金和交易成本。因此，与农村集体经济组织（如股份合作社）结盟是比较现实可行的选择。另外，当前中国社会的主要矛盾是人民对美好生活的需求与不均衡、不充分的发展之间的矛盾，这要求农业和农村不仅要满足人民对农产品等物质需求，还要满足人民在休闲、娱乐、康养、文化传承等方面的精神需求。因此，必须确立多功能农业理念，以六次产业理论为指导，借助产业融合思想来推动农业和农村的发

①周镕基，皮修平，吴思斌．供给侧视角下农业“悖论”化解的路径选择与体制机制构建[J].经济问题探索，2016(08)：150-154.

②魏晓蓓，王淼．“互联网+”背景下全产业链模式助推农业产业升级[J].山东社会科学，2018(10)：167-172.

展。股份合作社需要与旅游、文化创意、互联网等领域的企业合作，共同开发满足人们精神文化需求的旅游和文化产品，并利用互联网优势克服信息不对称、不完全等问题，真正做到以需定产，才能满足人民对现代农业的需求。所以，股份合作社应该与农产品加工企业、销售企业、旅游企业、文创企业、电商企业通过股权或契约等方式展开战略合作，共同构建农业企业集团，实现产业融合发展，培育农村集体经济新的增长点。农业股份合作制度最终将演变成农业企业集团制度。农业企业集团能够提供现代农业发展所需的全部生产要素并予以有效配置，如图3-1所示。

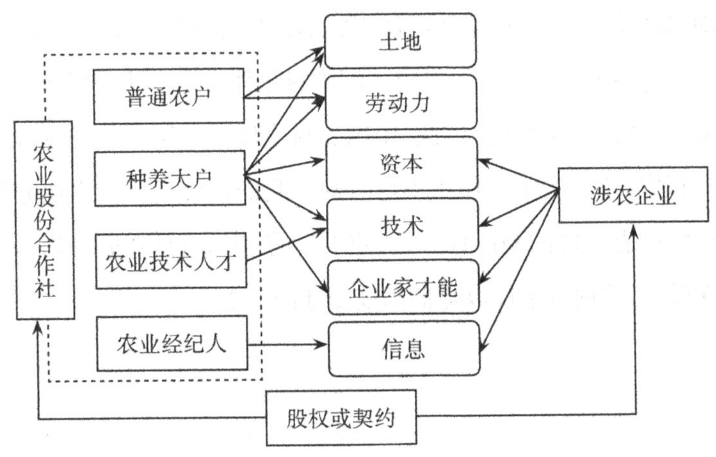

图3-1　未来农村集体经济实现形式：农业企业集团示意图

在图3-1中，普通农户是土地要素和劳动力要素的主要提供者(种养大户是次要提供者)，种养大户和涉农企业是资本要素的主要提供者，农业技术人才和涉农企业是技术要素的主要提供者(种养大户是次要提供者)，农业经纪人和涉农企业是信息要素的主要提供者，涉农企业和种养大户是企业家才能要素的主要提供者。普通农户、种养大户、农业技术人才、农业经纪人依章程组建农业股份合作社。种养大户因规模大且有一定的经营管理经验，在合作社内发挥主导作用，成为合作社的企业家才能要素的提供者。涉农企业凭借其信息优势和在行业内的强大影响力，在整个企业集团内发挥主导作用，指导集团把握机会、规避风险。股份合作社和涉农企业以股权或契约为纽带形成利益共同体，最大限度降低交易成本，实现全产业链深度合作，共同应对农业生产的不确定性和风险。

总之，自中华人民共和国成立以来，中国农村集体经济实现形式在政府的主导下，经历了“统”“分”“合”三个阶段。它服从和服务于国家经济社会发展战略，总体上是政府主导下的强制性制度变迁，但生产力水平才是中国农村集体经济实现形式最终决定因素。那些不利于生产力发展的落后实现形式，终将被有利于生产力发展的先进实现形式所取代；同样，超越当前生产力水平的实现形式也终将调整为适应现实生产力水平的实现形式。时代在不断发展，中国农业生产力水平亦随之持续提升，农村集体经济面临的内外部环境在不断变化，潜在利益不断显现。这一系列变化客观上要求中国农村集体经济的实现形式必须与时俱进、不断创新。变化是永恒的，因此，中国农村集体经济制度变迁没有终点。在这一变迁过程中，政府的主导作用不可或缺。我们需要与时俱进地分析那些阻碍中国农村生产力发展的制度性障碍，审时度势、因势利导，适时创新农村集体经济的实现形式，并创造条件以降低制度变迁的成本。

第四章　重庆市农村经济社会发展基本情况考察

重庆市，中国最大的直辖市，辖区面积8.24万平方千米，辖区内既有诸如中心城区这样的经济社会发展程度相对较高的都市区，又有诸如三峡库区、武陵山区、大巴山区等集中连片的贫困地区。2020年，中国脱贫攻坚战完满收官，农村经济社会发展进入乡村振兴阶段。本章对重庆市2013年以来农村经济社会发展情况进行考察，并将其与湖北、湖南、四川、贵州、陕西等周边省份进行对比分析，以便找到差距及存在的问题，从而在今后的乡村振兴工作中做到有的放矢。

一、人均可支配收入考察

居民可支配收入指居民可用于最终消费支出和储蓄的总和，即居民可自由支配的收入，它可以更准确地反映一个地区居民的生活富裕程度。农村地区经济社会发展的最终体现，便是农村居民的可支配收入。表4-1和图4-1分别反映了2013—2021年重庆市及周边省份（四川省、陕西省、贵州省、湖南省、湖北省）农村居民人均可支配收入情况及其变化趋势。

表4-1 2013—2021年重庆市及周边省份农村居民人均可支配收入

单位:元

年份	重庆市	湖北省	湖南省	四川省	贵州省	陕西省
2013	8493	9692	9029	8381	5898	7092
2014	9490	10849	10060	9348	6671	7932
2015	10505	11844	10993	10247	7387	8689
2016	11549	12725	11930	11203	8090	9396
2017	12638	13812	12936	12227	8869	10265
2018	13781	14978	14093	13331	9716	11213
2019	15133	16391	15395	14670	10756	12326
2020	16361	16306	16585	15929	11642	13316
2021	18100	18259	18295	17575	12856	14745

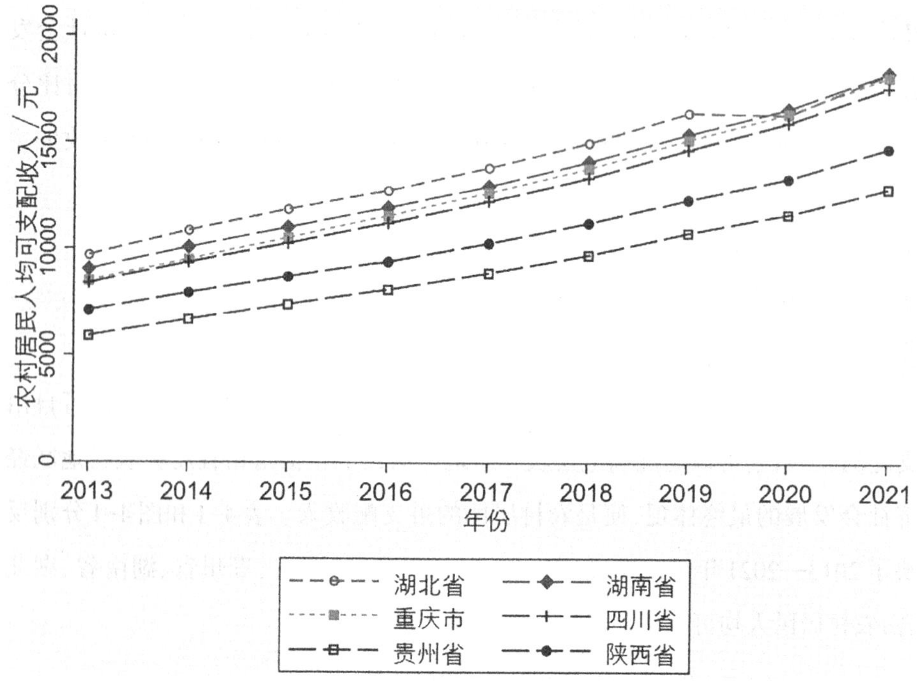

图4-1 2013—2021年重庆市及周边省份农村居民人均可支配收入变化趋势示意图

注:数据来源于国家统计局网站。

可见，重庆市农村居民人均可支配收入始终高于四川、陕西、贵州三省，低于湖北(2020年除外)、湖南两省，处于中上游水平，与二者的差距有缩小，但始终没有赶超，这与中央对重庆作为直辖市的要求还有一定的差距。

另外，从同时期农村居民人均可支配收入平均增长速度(见表4-2，根据农村居民消费价格定基指数剔除通货膨胀因素)来看，重庆市农村居民人均可支配收入平均增长速度低于贵州省，高于其他省份。

表4-2　2013—2021年重庆市及周边省份农村居民人均可支配收入平均增长速度

单位:%

地区	重庆市	湖北省	湖南省	四川省	贵州省	陕西省
增长速度	7.86	6.21	7.18	7.66	8.17	7.53

注:根据国家统计局网站农村居民人均可支配收入数据测算。

二、产业发展考察

农村的产业有很多种类型，但最主要的产业仍然是农业，并且农业是乡村产业振兴的基石。鉴于此，本章选择以农业作为考察重庆市农村产业发展的对象。为了通过对比揭示问题，本章将重庆市周边省份同期农业产业的发展状况作为参照系。考虑到不同地区资源禀赋有所不同，本章采用价值指标——农林牧渔业总产值及其年均增长速度来考察农村产业发展状况。重庆市及周边省份同期农林牧渔业总产值及其年均增长速度如表4-3和表4-4所示。

表4-3　2013—2021年重庆市及周边省份农林牧渔业总产值

单位:亿元

年份	重庆市	湖北省	湖南省	四川省	贵州省	陕西省
2013	955.3	2951.6	2702.1	3323.6	1032.6	1528.6
2014	1006.4	3080.6	2793.1	3598.7	1317.2	1637.8
2015	1086.2	3210.9	2878.9	3745.5	1714.0	1675.6
2016	1258.4	3527.9	3063.1	3991.9	1959.9	1778.9

续表

年份	重庆市	湖北省	湖南省	四川省	贵州省	陕西省
2017	1300.3	3690.3	3165.3	4365.3	2140	1830.6
2018	1405.4	3734.3	3266.5	4544.3	2273	1927.8
2019	1581.3	4014.3	3850.5	4938	2408	2098.2
2020	1837.0	4359.0	4462.0	5701.2	2675.6	2381.8
2021	1963.3	4923.4	4561.5	5818.1	2877.7	2532.5

表4-4　2013—2021年重庆市及周边省份农林牧渔业总产值年均增长速度

单位:%

地区	重庆市	湖北省	湖南省	四川省	贵州省	陕西省
增长速度	4.77	7.37	4.61	5.24	11.54	4.52

注:根据国家统计局网站农林牧渔业总产值指数测算。

可见,2013—2021年,重庆市农林牧渔业总产值年均增长速度高于陕西、湖南两省,低于贵州、湖北、四川三省,处于中下游水平,说明重庆市农村产业发展仍有很大的上升空间。

三、农业生产力考察

不同地区因气候条件差异,其物产也有所不同。为了不失一般性,本章选取2013—2021年重庆市及周边省份的单位面积谷物产量以及农林牧渔业劳动生产率作为考察指标,以此分析重庆市农业生产力水平及其变化趋势(如表4-5、表4-6所示)。

表4-5　2013—2021年重庆市及周边省份单位面积谷物产量

单位：千克/公顷

年份	重庆市	湖北省	湖南省	四川省	贵州省	陕西省
2013	5123.47	5855.66	5967.16	5320.73	3480.43	3922.61
2014	5130.52	5878.35	6078.09	5319.76	3767.78	3906.51
2015	5200.76	6092.22	6122.69	5400.18	3891.70	3990.43
2016	5287.69	5806.21	6091.62	5515.42	4049.27	4020.29
2017	5317.73	5864.69	6173.19	5544.99	4069.88	3955.11
2018	5348.96	5858.19	6366.81	5576.03	3867.22	4078.54
2019	6615.00	6376.00	6643.00	6336.00	4982.00	4490.00
2020	6627.00	6329.00	6508.00	6383.00	4928.00	4659.00
2021	5428.40	5899.14	6460.95	5634.32	3927.47	4228.65

注：数据来源于国家统计局网站。

可见，与周边省份相比，从土地生产率角度来看，重庆市农业生产力高于贵州省、陕西省，低于湖北省（2019年和2020年除外）、湖南省（2019年除外）和四川省（2019年和2020年除外），处于中下游水平。

表4-6　2013—2021年重庆市及周边省份农林牧渔业劳动生产率

单位：元/人

年份	重庆市	湖北省	湖南省	四川省	贵州省	陕西省
2013	12751.10	14202.86	10966.36	11846.18	8432.55	11877.23
2014	13790.65	14815.10	11749.24	13194.09	10801.95	13315.45
2015	15257.55	20061.43	12577.27	14173.27	14197.67	14621.29
2016	18446.47	24287.17	14006.84	15663.97	16462.00	16084.09
2017	19857.67	25869.96	15638.91	17747.86	19690.65	17434.29
2018	22280.70	26533.37	17423.84	19043.69	22069.46	19792.61
2019	26373.46	28944.24	22314.75	21402.38	24619.16	25903.70
2020	31898.45	31382.29	31667.85	25271.28	29241.53	27377.01
2021	35056.42	36016.09	33515.80	26385.94	32297.42	30220.76

注：根据国家统计局网站数据测算，农林牧渔业劳动生产率=农林牧渔业增加值/乡村就业人员数。

可见，与周边省份相比，从劳动生产率角度来看，重庆市农业生产力低于湖北省（2020年除外），高于湖南省（2021年除外）、贵州省、陕西省和四川省，处于中上游水平。

四、城乡收入差距考察

城乡差距过大是中国经济社会发展中面临的主要矛盾之一，而乡村振兴就是要通过加快乡村地区的发展来缩小乃至消除城乡差距。在缩小或消除城乡差距方面重庆市做得怎么样？本章考察2013—2021年重庆市城乡居民可支配收入比，并将其与周边省份进行对比来反映这一情况。图4-2展示了重庆市以及四川、陕西、贵州、湖南、湖北五省2013—2021年城乡居民人均可支配收入比的变化趋势。

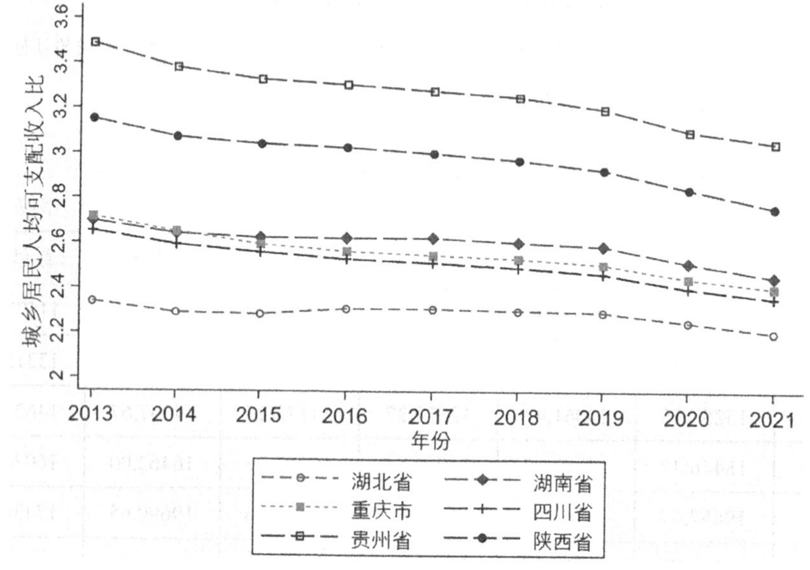

图4-2　2013—2021年重庆市及周边省份城乡居民人均可支配收入比的变化趋势示意图

注：根据国家统计局网站城乡居民人均可支配收入数据测算。

可见，重庆市城乡居民人均可支配收入比低于贵州、陕西、湖南（2013年和2014年除外）三省，高于四川、湖北两省，处于中游水平。

五、重庆市农村基本资源状况考察

(一)人力资源

人力资源是生产力各要素中最具有革命性和活跃性的要素，它具备主观能动性，是农村生产力发展的关键要素之一。2013—2021年重庆市及周边省份乡村从业人员及第一产业从业人员人数如表4-7和表4-8所示。

表4-7　2013—2021年重庆市及周边省份乡村从业人员人数

单位：万人

年份	重庆市	湖北省	湖南省	四川省	贵州省	陕西省
2013	749.19	2078.17	2463.99	2805.63	1224.54	1287.00
2014	729.77	2079.37	2377.26	2727.51	1219.41	1230.00
2015	711.91	1600.53	2288.97	2642.65	1207.24	1146.00
2016	682.19	1452.58	2186.86	2548.46	1190.56	1106.00
2017	654.81	1426.48	2023.99	2459.62	1086.81	1050.00
2018	630.77	1407.40	1874.73	2386.25	1029.93	974.00
2019	599.58	1386.91	1725.54	2307.22	978.10	810.00
2020	575.89	1389.00	1409.00	2256.00	915.00	870.00
2021	560.04	1367.00	1361.00	2205.00	891.00	838.00

注：数据来源于重庆市、湖北省、湖南省、四川省、贵州省、陕西省统计局网站。

表4-8　2013—2021年重庆市及周边省份第一产业从业人员人数

单位：万人

年份	重庆市	湖北省	湖南省	四川省	贵州省	陕西省
2013	495.08	1458.59	1656.01	1955.79	1179.76	791.00
2014	463.78	1374.29	1651.37	1909.00	1171.02	795.00
2015	440.30	1304.21	1618.71	1870.91	1161.54	803.00

续表

年份	重庆市	湖北省	湖南省	四川省	贵州省	陕西省
2016	419.19	1246.66	1587.32	1827.40	883.03	805.00
2017	402.91	1196.22	1515.16	1792.90	828.02	805.00
2018	390.62	1147.05	1462.38	1752.30	764.96	804.00
2019	381.48	1107.24	1409.24	1716.00	700.45	803.00
2020	378.00	897.00	836.00	1542.00	634.00	632.00
2021	366.00	881.00	801.00	1506.00	618.00	611.00

注:数据来源于重庆市、湖北省、湖南省、四川省、贵州省、陕西省统计局网站。

2013—2021年重庆市及周边省份第一产业从业人员人数在乡村从业人员人数中的占比情况,如表4-9所示。

表4-9　2013—2021年重庆市及周边省份第一产业从业人员人数在乡村从业人员人数中的占比

单位:%

年份	重庆市	湖北省	湖南省	四川省	贵州省	陕西省
2013	66.08	70.19	67.21	69.71	96.34	61.46
2014	63.55	66.09	69.47	69.99	96.03	64.63
2015	61.85	81.49	70.72	70.80	96.21	70.07
2016	61.45	85.82	72.58	71.71	74.17	72.78
2017	61.53	83.86	74.86	72.89	76.19	76.67
2018	61.93	81.50	78.00	73.43	74.27	82.55
2019	63.62	79.84	81.67	74.38	71.61	99.14
2020	65.64	64.58	59.33	68.35	69.29	72.64
2021	65.35	64.45	58.85	68.30	69.36	72.91

注:第一产业从业人员人数在乡村从业人员人数中的占比根据表4-7和表4-8中的数据测算;第一产业从业人员人数在乡村从业人员人数中的占比=第一产业从业人员人数/乡村从业人员人数×100%。

尽管各省(市)辖区面积大小不一,劳动力总量上不具备可比性,但从乡村从业人员的结构来看,重庆市第一产业从业人员人数在乡村从业人员人数中的占比高于湖北省(2013—2019年除外)和湖南省(2013—2019年除外),低于四川省、贵州省和陕西省(2013年除外),同时,约有三分之一的乡村劳动力在第二、三产业就业,这表明该市乡村的第二、三产业已具备一定的发展基础,为产业融合提供了现实的可能性。

(二)土地资源

土地资源是农业生产中最基本的生产资料,其面积大小直接决定了实现适度规模经营的可能性,相应灌溉设施的完善程度则反映了当地农业生产对抗水旱灾害的能力。由于各地气候等自然因素会对当地的复种指数产生影响,因此,本章以劳均主要农作物播种面积、劳均有效灌溉面积及其在劳均主要农作物播种面积中的占比为指标,来反映当地农业生产中劳均土地、水利设施的装备程度。2013—2021年重庆市及周边省份劳均土地、水利设施装备程度如表4-10、表4-11和表4-12所示。

表4-10　2013—2021年重庆市及周边省份劳均主要农作物播种面积

单位:公顷/人

年份	重庆市	湖北省	湖南省	四川省	贵州省	陕西省
2013	0.67	0.53	0.50	0.48	0.46	0.52
2014	0.71	0.57	0.51	0.49	0.47	0.51
2015	0.75	0.61	0.52	0.51	0.48	0.50
2016	0.80	0.63	0.53	0.52	0.63	0.52
2017	0.83	0.67	0.55	0.53	0.68	0.50
2018	0.86	0.69	0.55	0.55	0.72	0.51
2019	0.88	0.71	0.58	0.56	0.78	0.51
2020	0.89	0.89	1.00	0.64	0.86	0.66
2021	0.93	0.92	1.06	0.66	0.88	0.69

注:根据国家统计局网站主要农作物播种面积、第一产业从业人员数据测算。

可见，重庆市劳均主要农作物播种面积高于湖北省（2020年除外）、四川省、贵州省、陕西省和湖南省（2020年和2021年除外），有相对较高的适度规模经营的条件。

表4-11　2013—2021年重庆市及周边省份劳均有效灌溉面积

单位：公顷/人

年份	重庆市	湖北省	湖南省	四川省	贵州省	陕西省
2013	0.14	0.19	0.19	0.13	0.08	0.15
2014	0.15	0.21	0.19	0.14	0.08	0.15
2015	0.16	0.22	0.19	0.15	0.09	0.15
2016	0.16	0.23	0.20	0.15	0.12	0.16
2017	0.17	0.24	0.21	0.16	0.13	0.16
2018	0.18	0.26	0.22	0.17	0.15	0.16
2019	0.18	0.27	0.23	0.17	0.16	0.16
2020	0.18	0.34	0.38	0.19	0.18	0.21
2021	0.19	0.35	0.40	0.20	0.19	0.22

注：根据国家统计局网站有效灌溉面积、第一产业从业人员数据测算。

表4-12　2013—2021年重庆市及周边省份劳均有效灌溉面积在劳均主要农作物播种面积中的占比

单位：%

年份	重庆市	湖北省	湖南省	四川省	贵州省	陕西省
2013	20.35	36.11	36.93	27.92	17.20	29.45
2014	20.59	36.65	36.93	28.43	17.82	30.25
2015	20.75	36.31	37.26	28.94	19.26	30.54
2016	20.72	36.74	37.55	29.64	19.41	30.08
2017	20.79	36.69	37.80	30.01	19.69	31.08
2018	20.81	36.87	39.01	30.50	20.67	31.17
2019	20.85	37.99	39.10	30.48	21.05	31.10

续表

年份	重庆市	湖北省	湖南省	四川省	贵州省	陕西省
2020	20.71	38.70	38.01	30.38	21.29	32.13
2021	20.48	38.06	37.54	29.92	21.49	31.91

注：根据国家统计局网站有效灌溉面积、主要农作物播种面积数据测算（劳均有效灌溉面积在劳均主要农作物播种面积中的占比=劳均有效灌溉面积/劳均主要农作物播种面积×100%）。

可见，与周边省份相比，重庆市的劳均有效灌溉面积低于湖北省、湖南省、四川省（2013—2019年除外）和陕西省（2014—2019年除外），仅与贵州省持平（2013—2019年除外）；在劳均主要农作物播种面积中，有效灌溉面积的占比在六个省（市）中最低（贵州省2013—2018年除外），这表明重庆市的水利设施建设相对落后，其防灾减灾能力较弱。

另外，不考虑复种指数等因素，2013—2021年重庆市及周边省份耕地面积、劳均耕地面积以及劳均有效灌溉面积在劳均耕地面积中的占比如表4-13、表4-14和表4-15所示。

表4-13　2013—2021年重庆市及周边省份耕地面积

单位：千公顷

年份	重庆市	湖北省	湖南省	四川省	贵州省	陕西省
2013	2455.80	5281.80	4149.50	6734.80	4548.10	3992.00
2014	2454.60	5261.70	4149.00	6734.20	4540.10	3994.80
2015	2430.50	5255.00	4150.20	6731.40	4537.40	3995.20
2016	2382.50	5245.30	4148.70	6732.90	4530.20	3989.50
2017	2369.80	5235.90	4151.00	6725.20	4518.80	3982.90
2018	2120.00	5235.40	4151.01	6722.80	3995.70	3014.66
2019	1870.20	4768.60	3629.20	5227.20	3472.60	2934.30
2020	1870.10	4768.59	3629.07	5227.18	3415.00	3976.67
2021	1870.00	4768.59	3628.93	5227.17	3393.30	3982.90

注：2013—2017年、2019年数据来源于2022年《中国统计年鉴》，2018年、2020年、2021年数据来源于相应各省（市）统计年鉴、农业农村厅网站，个别数据用插值法补足。

表4-14　2013—2021年重庆市及周边省份劳均耕地面积

单位：公顷/人

年份	重庆市	湖北省	湖南省	四川省	贵州省	陕西省
2013	0.50	0.36	0.25	0.34	0.39	0.50
2014	0.53	0.38	0.25	0.35	0.39	0.50
2015	0.55	0.40	0.26	0.36	0.39	0.50
2016	0.57	0.42	0.26	0.37	0.51	0.50
2017	0.59	0.44	0.27	0.38	0.55	0.49
2018	0.54	0.46	0.28	0.38	0.52	0.37
2019	0.49	0.43	0.26	0.30	0.50	0.37
2020	0.49	0.53	0.43	0.34	0.54	0.63
2021	0.51	0.54	0.45	0.35	0.55	0.65

注：劳均耕地面积=耕地面积/第一产业从业人员数。

表4-15　2013—2021年重庆市及周边省份劳均有效灌溉面积在劳均耕地面积中的占比

单位：%

年份	重庆市	湖北省	湖南省	四川省	贵州省	陕西省
2013	27.49	52.85	74.33	38.85	20.38	30.31
2014	27.59	54.27	74.76	39.59	21.63	30.70
2015	28.27	55.17	75.02	40.63	23.48	30.96
2016	28.99	55.39	75.50	41.79	24.02	31.37
2017	29.30	55.75	75.79	42.72	24.66	31.71
2018	32.87	56.00	76.22	43.62	28.34	42.29
2019	37.31	62.26	87.52	56.51	33.23	43.80
2020	37.34	64.72	87.98	57.24	34.13	33.62
2021	37.34	64.72	87.98	57.24	34.35	33.56

注：劳均有效灌溉面积在劳均耕地面积中的占比=劳均有效灌溉面积/劳均耕地面积×100%。

可见,即便不考虑复种指数因素,重庆市劳均有效灌溉耕地面积在劳均耕地面积中的占比仍低于湖北省、湖南省和四川省,与周边五省(市)相比处于中下游水平,防灾减灾能力较弱。

(三)机械化(资本)

传统农业以农民体力劳动为主,存在效率低、成本高的问题。随着现代科技的进步,采用机械取代人力成为提高农业生产效率、降低劳动强度的必然趋势,这也是农业现代化的体现。本章将通过考察劳均农用机械总动力来评估重庆市的农业现代化程度。2013—2021年,重庆市及周边省份劳均农用机械总动力数据如表4-16所示。

表4-16　2013—2021年重庆市及周边省份劳均农用机械总动力

单位:千瓦/人

年份	重庆市	湖北省	湖南省	四川省	贵州省	陕西省
2013	2.42	2.80	3.28	2.02	1.90	3.10
2014	2.68	3.12	3.43	2.18	2.10	3.21
2015	2.95	3.43	3.64	2.35	2.22	3.32
2016	3.15	3.36	3.84	2.34	2.31	2.70
2017	3.36	3.62	4.13	2.47	2.63	2.79
2018	3.66	3.86	4.33	2.63	3.11	2.88
2019	3.84	4.08	4.59	2.73	3.55	2.90
2020	3.96	5.16	7.88	3.08	4.07	3.78
2021	4.19	5.37	8.34	3.21	4.38	3.98

注:根据国家统计局网站农用机械总动力、第一产业从业人员数据测算。

可见,重庆市劳均农用机械总动力高于四川省、陕西省(2013—2015年除外),低于湖北省、湖南省和贵州省(2013—2019年除外),这表明重庆市农业现代化程度处于较低水平。

(四)农村用电量

农村用电主要涵盖农民生活用电和农业生产用电两个方面,农村用电量的多少是衡量农民生活现代化水平和农业生产电气化程度的重要指标，也是农村现代化的重要体现。本章以劳均用电量为考察指标，来分析重庆市农村的现代化程度。2013—2021年，重庆市及周边省份劳均用电量及其变化趋势，如表4-17和图4-3所示。

表4-17　2013—2021年重庆市及周边省份劳均用电量

单位：千瓦时/人

年份	重庆市	湖北省	湖南省	四川省	贵州省	陕西省
2013	1537.53	892.23	716.06	836.03	524.60	1428.70
2014	1688.52	1034.93	749.86	888.27	608.61	1371.32
2015	1774.70	1143.22	765.49	934.36	689.77	1372.85
2016	1877.19	1226.15	798.20	1001.86	965.43	1474.29
2017	1990.02	1308.87	848.49	1051.03	1148.65	1625.47
2018	2035.99	1440.31	894.57	1133.48	1286.47	1661.69
2019	2120.69	1612.56	943.63	1199.30	1498.18	1716.31
2020	2182.80	2274.80	3706.70	1663.81	2530.91	2247.94
2021	2337.98	2310.56	4135.21	1813.75	2717.64	2525.20

注：根据国家统计局网站农村用电量、第一产业从业人员数据测算。

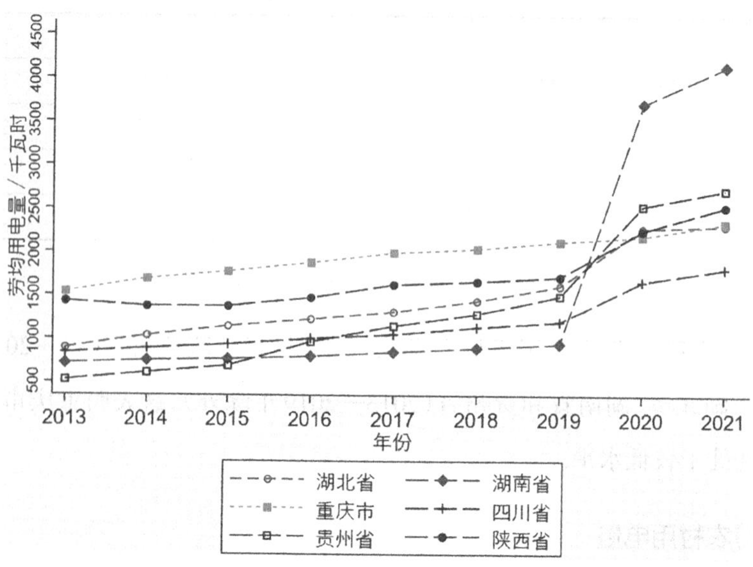

图4-3　2013—2021年重庆市及周边省份劳均用电量变化趋势示意图

可见，2013—2021年重庆市农民生活的现代化水平和农业生产的电气化程度均呈现出稳步提升的态势，但增长相对缓慢，尤其是最近几年逐渐被湖南省、贵州省、陕西省相继赶超。

本章通过人均可支配收入、产业发展状况、农业生产力水平、城乡收入差距及农村基本资源状况等多个维度，全面审视了重庆市农村经济社会的发展程度。尽管不同维度的考察得出了不同的结论，但总体上重庆市仍处于中等水平，这与重庆市作为直辖市所肩负的历史使命存在一定差距。因此，在未来的乡村振兴中，重庆市需奋力拼搏，力求赶超周边先进省份。

第五章　重庆市乡村农地功能变迁分析

第四章的分析表明，与周边省份相比，重庆市乡村经济社会发展总体上处于中等水平。具体而言，农村居民可支配收入增速虽快但可支配收入绝对值不足，农业生产力水平较高但发展速度较慢，城乡居民间的收入差距较小但仍有进一步缩小的潜力，土地较多但水利设施建设滞后、农业机械化程度较低。相较于周边省份，重庆市农村未能完全实现资源优化配置，仍大有潜力可挖。什么原因导致没能实现资源优化配置？应该怎样解决这一问题？古典经济学认为，适度规模经营可以对资源进行整合并充分加以利用，克服生产要素的不可分割性障碍，进而吸纳并应用先进的生产要素。农地是农业生产最核心的要素，农地能否合理有序流转决定了能否实现适度规模经营，而乡村农地功能变迁及农民能否正确认识农地功能变迁决定了土地是否能合理有序流转。本章将结合重庆市的实际情况对此展开研究。

一、农地的功能

农地作为农业生产最基本的生产要素，对于不同的主体发挥着多样化的作用。对于直接耕种农地的农民而言，农地可以提供就业机会和收入来源。对于

外出务工的农民而言，农地可以提供就业的后备选择，当他们在城市中找不到满意的工作时可以回家务农。对于其他社会成员而言，农地是食物供应和工业原料的重要来源。对于国家而言，国家可以向农地的使用者依法征税。

二、农地功能的变迁

在不同的历史时期，农地实际发挥的功能有所不同。在第二、三产业不发达的时代，种地是农民唯一的就业途径与收入来源。农民失去土地就意味着失去了生计，大规模土地兼并往往引发严重的社会危机，有时甚至成为王朝覆灭的导火索。在这一背景下，农地不仅作为农业生产的基础要素，承载着经济功能，还肩负着维护国家稳定的社会保障重任。随着第二、三产业的逐步兴起，为农民提供了更多的就业选择。此时，农地成为外出务工农民在面对工作不稳定时的一条现实可行的退路，使农村发挥了剩余劳动力蓄水池的作用。二元经济时代结束后，由于已经不存在劳动力从农村和农业向城市和非农产业转移问题，社会保障功能也就消失了。国家废除农业税之后，税基功能就不复存在了。当然，只要农地不被抛荒或闲置，农地作为农业生产要素的基本功能是始终存在的。鉴于当前我国面临农民大规模从农村和农业转向城市和非农产业，导致农村出现空心化，农业劳动力老龄化、副业化，严重影响到国家粮食安全[①]、农业现代化[②]和乡村振兴等国家经济社会发展目标实现的严峻现实，本章所探讨的农地功能变迁指的是剥离农地上原有的社会保障功能，恢复农地作为农业生产资料的经济功能。

①李俊鹏，冯中朝，吴清华.农业劳动力老龄化与中国粮食生产——基于劳动增强型生产函数分析[J].农业技术经济，2018(08):26-34.

②赵秋倩，沈金龙，夏显力.农业劳动力老龄化、社会网络嵌入对农户农技推广服务获取的影响研究[J].华中农业大学学报(社会科学版)，2020(04):79-88+177-178.

三、农地功能变迁时机选择

纯粹从效率的角度来看，农业生产在一定范围内是存在规模经济效应的，生产力发展客观上促使农地由分散走向集中。但从公平的角度而言，如果条件不具备，任由农地由分散走向集中是不公平的，有可能剥夺弱势群体的生计，进一步激化社会矛盾。因此，必须把握好农地功能变迁的时机。

在中华人民共和国成立前的历史长河中，几乎每一次王朝的兴衰更替都与土地兼并有关。土地兼并导致大量农民成为租种地主土地的佃农，丰年尚可勉强糊口，一旦遇到灾荒便难以果腹，被迫揭竿而起，拉开王朝更替的序幕。经过王朝更替的战争的破坏，部分地主逃跑或被杀，他们的土地重新回到农民手中，土地兼并程度下降，新的王朝兴起。由于小规模经营的效率低下，新一轮的土地兼并开始。如此循环往复，无休无止。土地兼并引起社会危机的根源在于农民是被迫离开自己土地的。由于第二、三产业不发达，农民一旦失去土地，便难以找到其他谋生手段，从而面临生存危机。当第二、三产业蓬勃发展时，即便因某种原因农民离开了土地，他们也能在非农产业找到新的就业机会，这一转变并不足以引起严重的社会危机。比如，历史上英国充满血腥的“羊吃人”运动也没有造成英国政权的更迭。所以，农地集中并不必然引发社会危机。如果农民受现代生产部门因更高生产效率而提供的更高工资的吸引，主动离开农村，那么农地集中便有助于实现农业的适度规模经营，进而实现农业现代化，这是农业生产力提升的客观要求。相反，若墨守成规，过分强调农地的社会保障功能，甚至采取措施阻碍农地集中，反而会阻碍农业生产力的发展，导致农地抛荒、农村空心化。因此，应该在农民从农村和农业中转移到城市和非农产业时及时推进农地功能变迁，剥离农地的社会保障功能，并实现农业的规模化经营。当然，在农民转移不够稳定时，应辅之以失业保险等措施，以免激化社会矛盾。

四、中国农地功能变迁时机已经成熟

Lewis W认为，在发展中国家二元经济结构中，传统的农业部门面临着隐性失业问题，其生产效率低，导致农民收入低。现代生产部门生产效率高，从业人员收入高，吸引农业部门的劳动力向现代生产部门转移。在传统农业部门中富余劳动力完全转移之前，传统农业部门提供的农产品数量并不减少，但转移完毕后由于传统农业部门与现代生产部门之间生产效率仍有差距，劳动力仍将继续向现代生产部门转移。此时，传统农业部门提供的农产品数量将因劳动力的流出而减少，改变农产品供求格局，进而推动农产品价格上涨，使农民收入提高。当农民收入提高到与现代生产部门从业人员相当的水平时，劳动力将不再向现代生产部门转移，城乡之间收入差距消失，传统农业部门实现现代化，二元经济结构消失，标志着发展中国家转变为发达国家。Lewis W是以实行市场经济体制的发展中国家为研究对象提出自己的二元经济理论的，在市场经济体制下，农地可以自由买卖，生产要素可以自由流动，随着劳动力从农业部门流出，特别是在富余劳动力完全转移之后，农产品价格开始呈现上涨趋势。此时，投资农业逐渐展现出盈利潜力，城市工商业资本进入农业，用资金、技术、管理、信息等现代化生产要素装备农业，实行农业规模化经营，逐渐实现农业现代化成为必然。Lewis W的理论阐明了发展中国家实现农业现代化的基本途径，然而这一理论并不完全适合中国的基本国情：第一，中国的经济体制有其特殊性，农地不可以自由买卖，城市工商业资本流入农业还面临诸多现实障碍。第二，Lewis W是在封闭经济条件下研究发展中国家现代化的，没有考虑国际贸易的影响。在开放经济条件下，发达国家农产品竞争力强，以低廉价格充斥发展中国家的农产品市场，造成发展中国家国内农业投资价值丧失，导致发展中国家农业持续衰退和农村经济的萎靡，从而阻碍了农业的现代化转型。中国正面临日益开放的农产品市场，国内农业虽然在国家政策支持下保持了较大的生产规模和较高的产出水平，但农业转型缓慢，农产品竞争力低，出现“三高并存”（三高并存是指农产品高产量、高库存和高进口量并存）的奇特现象。因此，寄希望于随着农村和农业劳动力向城市和非农产业转移自然实现农业现代化是不现实的。

在中国，伴随着“民工荒”现象与“人口红利消失”的趋势，“刘易斯拐点”已经出现[①]，标志着从宏观层面看，农地功能变迁时机已经成熟。从统计数据来看，从2007年开始，农民人均家庭经营性纯收入占人均纯收入的比例已下降至50%以下；从2015年开始，农民人均可支配经营净收入不再是其首要的可支配收入来源；到了2019年，农民人均可支配经营净收入只占可支配收入的35.97%[②]。这一系列数据表明，总体而言，农民家庭经营收入已经不再是农民的主要收入来源，对农民家庭来说农业已经沦为“副业”。因此，通过某种方式将不在地农民家庭承包的土地进行流转，以实现适度的规模化经营是可行的，时机已经成熟。

五、重庆市农地功能变迁

重庆市是农民工输出大市，截至2021年底，重庆市农民工达到756.3万人[③]，乡村就业人数560.04万人，第一产业就业人数约366.16万人，占乡村劳动力总数的27.82%，来自第一产业的经营净收入约4557元，只占可支配收入18100元的25.18%[④]。可见，重庆市农村劳动力70%以上离开了农村，仅有约1/4的收入来自农业。这说明相较于全国整体情况，重庆市农地的社会保障功能在很大程度上被削弱了，进一步整合农地资源、盘活农地以充分发挥农地资源的经济功能，从而保障国家粮食安全和重要农产品供给安全，实现农业农村现代化的时机已经到来。

① 翟振武，杨凡.民工荒：是刘易斯拐点还是伊斯特林人口波谷[J].经济理论与经济管理，2011(08):5-13.

② 数据来源：根据2020年《中国统计年鉴》相关数据计算所得。

③ 数据来源：《2021年重庆市国民经济和社会发展统计公报》。

④ 数据来源：《重庆市统计年鉴2022》。

六、农地流转给农村集体经济组织有利于乡村振兴

目前，农民土地流转的对象主要有以下几类。

（一）短期流转给左邻右舍、亲朋好友

这种土地流转方式通常是不定期的，没有租金或租金很少，目的是让人暂时照看农地，使其不至于荒芜，以便将来流出户需要回来耕种时能马上接手。由于是不定期承租，流入户不敢对流入的农地进行改良等投入，土地产出低。因此，这种土地流转方式对土地流入、流出方都没有多少吸引力。

（二）定期流转给本地的种植大户（家庭农场主）

这种土地流转方式相对比较正式，流入户需根据事先双方商定的金额或依据一定量的农产品按照当年当地相应农产品的价格折算成现金，支付给流出方。这种土地流转方式存在以下问题：农地流转时双方依据当时农地的产出能力商定租金，流入方在农地流入后对土地进行改良或引进新技术、新品种及新的种植项目，导致产出增加、经济效益提高，引起流出方反悔，要求收回农地自己经营。由于农地流转大多是农户间私下进行的，没有经农村集体经济组织批准，因此有的只有口头协议而造成“口说无凭”；有的虽有书面协议，但协议内容不规范。这种情况下，双方的合法权益都得不到有效保障，导致双方纠纷不断。如果流出户收回流转的农地，那么流入户规模经营将无法持续。如果双方的协议能够有效执行，这种土地流转方式的结果是因流出户无法分享农地增值收益而富了大户，穷了小户，最终造成贫富差距扩大，不利于实现农民共同富裕的目标。

（三）定期流转给农业企业

这种土地流转方式除了具有定期流转给本地的种植大户（家庭农场主）的弊端外，还有以下问题：第一，流出方与流入方之间存在着信息不对称的问题，流出方因对流入方不了解、不信任而拒绝流转；第二，流入方因经营不善、经济效益差无力支付租金，甚至逃避责任时，流出方可能因自身维权力量有限，而面临维权困难的境地。

(四)定期流转给集体经济组织

1.新型农村集体经济的表现形式

关于农民专业合作社、土地股份合作社、股份合作公司是否属于农村集体经济,学术界并没有一致意见。一些学者,如高鸣和芦千文①、周娟②,认为合作社不属于农村集体经济,二者在所有制基础、成员构成、股权结构、承担的职能方面均有差别,但更多的学者,如李天姿和王宏波③、杨博文和牟欣欣④、高强⑤、丁波⑥、郭晓鸣⑦等认为合作社(包括农民专业合作社、土地股份合作社、股份合作公司)是农村集体经济在当前发展阶段的具体体现形式。笔者认为,应该与时俱进地看待农村集体经济概念的内涵与外延,合作社是农村集体经济在当前发展阶段的一种具体体现形式。新型农村集体经济以集体所有、股份合作为核心特征,通过将劳动者的劳动与资本联合,促进了集体产权在集体与个人之间的公平分配,有效实现了激发动力与提升能力的良性互动、社会主义原则与市场经济机制的相对平衡以及农村经营的统分结合。在当前集体经济发展实践中,新型农村集体经济表现为土地股份合作社、股份合作公司两种基本模式。⑧

2.以土地入股土地股份合作社、股份合作公司

农地流出方将自己的农地流转给新型农村集体经济组织,以农地入股,占有

①高鸣,芦千文.中国农村集体经济:70年发展历程与启示[J].中国农村经济,2019(10):19-39.

②周娟.农村集体经济组织在乡村产业振兴中的作用机制研究——以"企业+农村集体经济组织+农户"模式为例[J].农业经济问题,2020(11):16-24.

③李天姿,王宏波.农村新型集体经济:现实旨趣、核心特征与实践模式[J].马克思主义与现实,2019(02):166-171.

④杨博文,牟欣欣.新时代农村集体经济发展和乡村振兴研究:理论机制、现实困境与突破路径[J].农业经济与管理,2020(06):5-14.

⑤高强.农村集体经济发展的历史方位、典型模式与路径辨析[J].经济纵横,2020(07):42-51.

⑥丁波.乡村振兴背景下农村集体经济与乡村治理有效性——基于皖南四个村庄的实地调查[J].南京农业大学学报(社会科学版),2020,20(03):53-61.

⑦郭晓鸣,张耀文,马少春.农村集体经济联营制:创新集体经济发展路径的新探索——基于四川省彭州市的试验分析[J].农村经济,2019(04):1-9.

⑧李天姿,王宏波.农村新型集体经济:现实旨趣、核心特征与实践模式[J].马克思主义与现实,2019(02):166-171.

土地股份合作社、股份合作公司的股份，成为土地股份合作社、股份合作公司的所有者（股东）。土地股份合作社、股份合作公司实行规模化经营，引进资金、技术、管理、信息等现代生产要素，把传统农业转变为现代农业，提高经营的经济效益。农地流出方可以以股东分红的方式共享农地的增值收益，并以股东的身份参与对土地股份合作社、股份合作公司的管理，在一定程度上解决了信息不对称、不完全的问题，更好地维护自己的合法权益。另外，股东身份可以在一定程度上消除流出方对失去承包地支配权的顾虑，增加"安全感"，因为作为股东，他们对土地股份合作社或股份合作公司的经营还是有一定发言权的。总之，将土地定期流转给集体经济组织既可以实现农业适度规模经营，有利于实现农业现代化，又可以确保农户的主人翁地位，共享农地的增值收益，有利于促进农民共同富裕，进而实现乡村振兴。

七、重庆市乡村资源优化配置障碍分析

如前所述，农地（这里指耕地）是农业农村经济发展最基本、最重要的资源，因此，笔者着重围绕农地来探讨乡村资源优化配置的障碍。

（一）重庆市农地资源未得到充分利用

尽管农地的社会保障功能已经削弱，且农地流转的时机已经成熟，但重庆市仍然在一定程度上存在耕地撂荒的现象：截至2022年7月25日，全市已完成15万个5亩以上疑似撂荒地图斑的核查和复耕工作。[①]这意味着重庆市至少有15万个5亩以上的耕地被撂荒，5亩及以下的地块被撂荒的就更多了。除此之外，2016—2021年，重庆市耕地复种指数平均为1.80，低于当地水热条件所能够支持的复种指数水平，夏收作物播种面积连续16年递减，直到2021年才有所回升[②]，

①重庆日报.重庆完成15万个5亩以上疑似撂荒地核查并复耕[EB/OL].(2022-07-26)[2024-04-05].https://baijiahao.baidu.com/s? id=1739385776856890619&wfr=spider&for=pc.

②重庆日报.预计556.5万亩！重庆夏粮种植面积16年来首次增加[EB/OL].(2021-07-12)[2024-04-05]. https://www.cqcb.com/hot/2021-07-12/4275336_pc.html.

大量冬闲田(地)的存在,说明农地资源没有得到充分利用,农地资源亟待进一步优化。

(二)重庆市农地资源配置障碍分析

农地资源优化配置涉及政府政策、农地流出方以及流入方三个方面。因此,笔者将依次从政府、承包土地的农户(农地流出方)、新型农业经营主体(流入方)这三个方面展开分析。

1. 财政困难是政府在农地流转方面的主要障碍

从政府政策方面来看,政府对农地流转实际上持支持和鼓励的态度,早在20世纪80年代中后期中央政府就提出了鼓励农地适度向种田能手集中。随后,又相继发布了一系列规范农地流转的政策,强调农地流转应遵循“自愿”“有偿”“有序”的原则,旨在防止在农地流转过程中出现强制农户流转土地的现象,避免历史上多次发生的对农民土地的巧取豪夺和肆意兼并。各地方政府也根据中央的政策出台了相应的配套政策,并建立了基于互联网的农地流转平台,以克服农地流转中的信息不完全、不充分、不对称的问题,进而降低了农地流转中的交易成本。例如,重庆市建立了“重庆市土地流转网”,农地的流出方、流入方均可在该网站上发布农地供求信息,也可以在线查询关于农地流转的政策,如图5-1所示。

图5-1　重庆市土地流转网

然而，在缓解农户对于土地流转后顾之忧的问题上，政府却显然有心无力。为农民工提供充裕的失业保障金以及为老年农民提供退休金需要一大笔财政资金，这对财政实力并不充裕的地方政府而言，确实是一项艰巨的任务。正如一些基层政府工作人员所说的："我们并不是不知道农民的顾虑，也认为应该为农民工提供失业保障、为农民提供退休金，但问题是钱从哪里来？"

2.社会保障水平低是兼业型农户和不在地农户流出农地的主要障碍

绝大多数兼业型农户的家庭收入主要依赖于务工或其他商业经营所得，不在地农户完全脱离了农业生产经营，其家庭收入完全与农业生产无关。对这些农户而言，若能彻底融入城市生活，真正实现市民化，他们无疑会乐意流转出自己的农地，毕竟城市的生活环境比农村好得多，收入水平比农民高得多。然而，现实情况是他们在城市的工作是不稳定的，他们面临着失业的风险。而且，年老体衰后城市没有他们的容身之地，也不能像城市居民那样拿到稳定的退休金。用他们自己的话来说，"万一在城里待不下去，至少还可以回到农村，还有一块土地可以养活自己"。

3.新型农业经营主体规模小、实力弱抑制了农地流转的流入需求

为了确保农业实现适度规模经营，各地方政府为农地流转在产业规模、投资强度、投资效益、建设周期等方面设置了准入门槛。以重庆市渝北区为例，《重庆市渝北区人民政府办公室关于进一步规范农村土地承包经营权流转的通知》【渝北府办发〔2017〕45号】[①]中明确规定：

①产业规模。蔬菜种植流转面积不小于100亩，水果种植流转面积不小于200亩，养殖业流转面积不小于50亩，入驻农业科技园区拓展区项目流转面积不小于1000亩。

②投资强度。种植类项目投资不低于2万元/亩、养殖类项目投资不低于4万元/亩。其中：农业科技园区拓展区及两江新区生态涵养区域种植类项目投资

① 渝北区人民政府.关于进一步规范农村土地承包经营权流转的通知【渝北府办发〔2017〕45号】[EB/OL].(2017-08-23)[2023-03-20].http://www.ybq.gov.cn/zwgk_263/zcwj/qtwj/202003/t20200324_6023503.html.

不低于3万元/亩,养殖类项目投资不低于5万元/亩。

③投资效益。盛产后亩均产值1万元以上。

④建设周期。流转土地300亩以内的一年内全面建成,流转土地500亩以内的两年内全面建成,流转土地500亩以上的在三年内全面建成。

只有规模较大、资金实力比较雄厚的新型农业经营主体才能跨过这些门槛,而当前中国特别是当地的大部分新型农业经营主体发展历史短、规模较小、实力偏弱,实际上抑制了对农地流转的流入需求。

第六章　重庆市城乡要素双向流动模型研究

民族要振兴，乡村必振兴。面对城乡差距悬殊的现实，国家出台并实施了一系列统筹城乡协调发展、乡村振兴，农业农村优先发展的政策。但城乡差距悬殊是客观现实，在市场机制的作用下，城市天然就是要素集聚地，农村资金、土地、人才源源不断流向城市，回流少。[①]农村要素单向流向城镇使农村发展失去生产要素的有力支撑，乡村衰落成为中国现代化进程中面临的重大挑战。[②]因此，重庆市要实现乡村振兴，必须构建高效顺畅的城乡要素双向流动机制，将技术、资金、管理、商业模式等乡村急需的要素引入农村，并与农村的土地资源有机结合。本章将在考察重庆市城乡要素流动现状的基础上，探讨如何构建城乡要素双向流动机制。

一、重庆市城乡要素流动现状考察

(一)资金流动

2013—2021年，重庆市金融机构(含外资)提供给农林牧渔业的贷款额度急

①项巧赟，罗明忠．乡村振兴视域下推进城乡协调发展的思考[J].南方农村，2019,35(03):4-11.

②蔡秀玲，陈贵珍．乡村振兴与城镇化进程中城乡要素双向配置[J].社会科学研究，2018(06):51-58.

剧减少，与农林牧渔业增加值稳步增长形成鲜明对比，如表6-1所示。

表6-1 2013—2021年重庆市农林牧渔业增加值与贷款总额

单位：亿元

年份	2013	2014	2015	2016	2017	2018	2019	2020	2021
农林牧渔业增加值	955.3	1006.4	1086.2	1258.4	1300.3	1405.4	1581.3	1837	1960.9
农林牧渔业贷款总额	243.9	214.4	206.0	176.0	180.0	152.0	137.0	130.0	143.0

注：农林牧渔业增加值数据来源于国家统计局网站，农林牧渔业贷款总额数据来源于重庆市统计年鉴。

由此可见，重庆市资金由农业、农村流向城市和非农产业的趋势非常明显。

（二）人力资源流动

2013—2021年，重庆市第一产业就业人数、第一产业就业人数占比、乡村就业人数、乡村非农产业就业人数如表6-2所示。

表6-2 2013—2021年重庆市乡村就业人员情况

年份	2013	2014	2015	2016	2017	2018	2019	2020	2021
第一产业就业人数/万人	495.08	463.78	440.30	419.19	402.91	390.62	381.48	378.00	366.16
第一产业就业人数占比/%	30.60	28.40	26.70	25.30	24.30	23.50	22.90	22.60	21.95
乡村就业人数/万人	749.19	729.77	711.91	682.19	654.81	630.77	599.58	575.89	560.04
乡村非农产业就业人数/万人	254.11	265.99	271.61	263.00	251.90	240.15	218.10	197.89	193.88

注：乡村就业人数根据同期重庆市就业人数减去城镇就业人数测算，乡村非农产业就业人数根据乡村就业人数减去第一产业就业人数测算。重庆市就业人数、城镇就业人数、第一产业就业人数数据来源于重庆市统计局网站。

据此测算结果，2013—2021年重庆市乡村就业人数、第一产业就业人数、乡村非农产业就业人数年均下降率分别为3.57%、3.70%、3.33%。第一产业就业人数的下降速度超过了乡村就业人数、乡村非农产业就业人数的下降速度。这一现象表明，随着城市化进程的不断加速，农村地区的人力资源不仅在减少，而且更多地流入了非农产业。

（三）土地资源流动

土地资源城乡单向流动更典型。具体而言，2013—2021年，重庆市的城市建设用地面积逐年增加（如表6-3所示）。虽然国家有占补平衡政策约束，但被占用的土地在农业生产方面的质量明显优于补充的土地。因为城市建设用地大多是交通便利、地势平坦、土质肥沃的熟耕地，而补充的土地大多是土质贫瘠的生荒地。

表6-3　2013—2021年重庆市城市建设用地面积

单位：平方千米

年份	2013	2014	2015	2016	2017	2018	2019	2020	2021
城市建设用地面积	1182.50	1248.10	1301.20	1310.47	1351.74	1415.25	1467.05	1610.09	1660.98

二、重庆市城乡要素流动障碍分析

为什么乡村要素会一边倒地流向城市？是什么障碍阻碍了城市要素反向流入乡村？接下来我们就此问题展开探讨。

（一）资金流动障碍

资本具有趋利性，信贷投资也不例外。农业属于弱质性产业，其投资具有规模大、周期长、风险高、比较效益差及回报率低的特点。在市场机制作用下，资本更多的是逃离农村而不是流入农村。其根本原因在于，唯有依托现代科技装备的知识和技术密集型农业才能取得可观的经济效益，而发展知识和技术密集型农业需要大量资金长期持续注入。在当前新型农业经营主体发展尚不充分的现实背景下，缺乏足够数量具备相应投资能力的主体来对农业进行投资，即便金融机构有意为这些投资主体融资，也鲜有主体愿意承担贷款进行投资。笔者在调研过程中发现，某些地区即便是财政支农资金也难以找到合适的承接主体。用部分农村基层干部的话来说，"财政资金好拿不好用，拿了必须用，是要用出效益的。用不出效益，那是要追责的。如果没有把握用出效益，还不如不拿。"

（二）人力资源流动障碍

农村人最了解农村，农民最了解农民，务农的人最了解农业。"农民真苦，农村真穷，农业真危险"这一表述，直观地反映了"三农"问题的严重性和紧迫性。在农业风险重重与农村贫困交织的背景下，能够自由选择职业的农民，出于理性考虑，往往会选择离开农村、远离农业，于是就有了浩浩荡荡的民工潮。唯有那些因年龄、健康等因素无法进入城市的农民，才被迫留在农村；同时，仅有极少数对农业怀有深厚情怀的农民选择坚守农业。坚守农业的农民是中国农业现代化的中坚力量。那些来自农村、接受过现代农业技术教育和培训的大中专生，有的吃不了农业的苦、受不了农村的穷，选择不再回到农村；有的具有农业情怀，希望学有所成，回报家乡，但现代农业生产技术与传统农业之间存在断层。他们返回农村后，找不到合适的工作，"英雄无用武之地"而被迫放弃初衷，少数没有放弃的也大多就职于当地农业农村局（农业农村委）、农技站、畜牧站，真正到农村创业的凤毛麟角。少数有情怀、技术、才干及意愿的城市人才，往往因户籍限制、资金障碍而难以在农村落地生根，实现创业与兴业的抱负。当前现状是，农村户籍政策并没有放开，而欲通过土地流转获取农村土地的经营权则需投入至少数百万元的资金，这让很多有情怀、技术、才干及意愿的城市人才，不得不放弃成为"现代农场主"的梦想。

土地在城市中被视为一种稀缺资源。除非出现颠覆性的技术革新或遭遇引发社会倒退的重大灾难性事件，否则土地几乎不可能再大量回流至农村地区。

三、构建城乡要素双向高效流动新机制

如前所述，由于承接主体缺失、比较效益低下、户籍制度限制、资金门槛高等多方面的原因，城乡之间的要素流动呈现出一种由乡村向城市单向倾斜的显著趋势。要扭转这种局面，实现城乡要素双向有效流动，必须创新机制，构建一个向乡村倾斜的城乡要素双向流动模型，将乡村振兴急需的现代生产要素引入农村和农业，如图6-1所示。

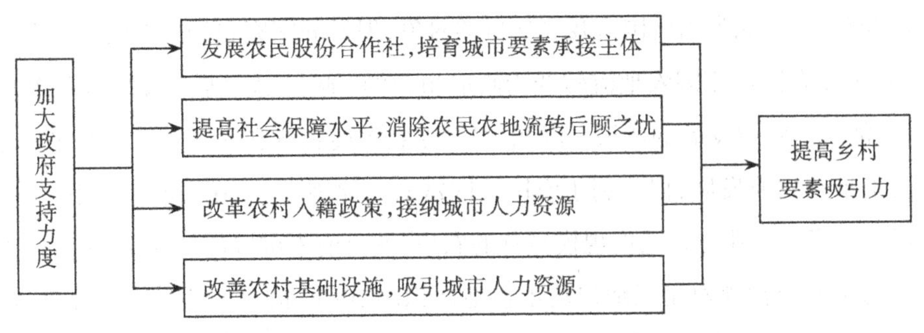

图6-1　重庆市城乡要素双向流动模型

（一）培育资金实力雄厚、与农民利益高度一致的新型农业经营主体

资金实力雄厚就有能力对农业进行持续性大规模投资，开发或引进先进的农业生产技术，用现代农业科技的最新成果装备农业，把传统农业改造成知识和技术密集型农业，实现以低成本生产出优质的农产品。同时，依托强大的资金支持，可以组建高水平的农产品营销团队，将这些优质农产品推向市场，战胜竞争对手，赢得良好的经济效益，促进农业的整体发展。此外，当与农民的利益高度契合时，便能确保农民共享现代农业发展的成果，实现农民的富裕。农业发展了，农业的效益提高了，农业对信贷资金的吸引力增强了，乡村资金将不再单向流向城市和非农产业，反而能够吸引城市和非农产业资金投资农业；农民富裕了，农民无须再背井离乡外地务工；农业生产技术水平提高了，受过专业教育和培训的农业科研人才及技术人才、农民有了施展自己才华的舞台，也就不会被迫改行了。

以农民股份合作社为代表的农村集体经济组织是新型农业经营主体的最佳

选择。就资金实力而言,农民股份合作社不及涉农工商企业,但工商资本往往更倾向于追求利润最大化,尤其是短期内的利润回报。这种逐利行为在土地流转后,可能导致土地用途的“非粮化”甚至“非农化”倾向,进而对国家的粮食安全和重要农产品的稳定供给构成威胁。更重要的是,土地流转之后,农民的身份转变为收取租金的“地主”或(及)雇员,与工商资本形成了一定程度上的对立关系,不能共享农业发展的成果。另外,家庭农场是市场机制作用下分化的结果。在激烈的市场竞争中,少数农民凭借技术、经营及管理上的优势,逐步扩大了自己的生产经营规模,成为当前国家政策扶持的对象,但发展家庭农场只能使少数农民富裕,更多农民可能因农地流转变为收取租金的“地主”或受雇于家庭农场的雇员,不能共享农业发展的成果。因此,尽管涉农工商企业和家庭农场可能在某种程度上推动农业发展,但不利于农民共同富裕。原因在于,在当前情境下,家庭农场主是指对农业进行适度规模经营的农户,就目前来讲,现阶段我国农村较为合理的土地经营规模是当地户均承包地面积的10~15倍,[①]按这个标准计算,仅需培育1/10～1/7的农户成为家庭农场主就可以实现对全部农地的适度规模经营。这意味着将有86%～90%的农户需要转移到城市或非农产业,这在短期内是难以做到的。因此,笔者认为,如果把家庭农场作为新型农业经营主体进行培育,可能导致更多农民被“挤出”农业,而这些农民中,大多数人无法转移到城市并成为农民工,他们就会成为失地又失业的“贫困户”。

农民股份合作社的主要成员是农民,农民把自己承包的土地流转给合作社,自然成为合作社的一员。依据合作社章程和国家有关法律法规,农民依然享有对合作社的民主管理权利,在某种意义上,土地的使用权仍然在自己手里。相对于工商资本和家庭农场而言,农民对将土地流转给合作社的抵触情绪较弱。另外,农民还能通过分红机制共享农业发展的成果,这确保了农民与合作社之间的利益高度一致性。更重要的是,相对于传统意义上的农民专业合作社而言,农民股份合作社的成员资格具有一定程度上的开放性。这意味着合作社可以吸纳技术人才、经营管理专家等战略合作伙伴,还可以以合作社资产为抵押进行融资,解决发展资金不足的问题。

①张秀生,全星澄.发展农业适度规模经营须务实[J].农村经营管理,2015(05):24.

(二)提高社会保障水平,消除农民农地流转后顾之忧

社会保障水平不高导致兼业型农户和不在地农户在农地流转时顾虑重重。为解决这一问题,向外出务工农民提供失业保险金,为老年农民发放退休金,以确保农民不会因失业或年老而被迫回乡务农,不失为一种有效的解决方案。如果是这样,失业保险金、退休金的资金来源就成为必须考虑的现实问题。这对财政紧张的地方政府而言确实是一个难题,尤其是在当前土地财政收入难以为继的情况下更不现实。因此,必须从全国层面上来考虑这个问题,必须从国家粮食安全和农业农村现代化的战略高度来考虑这个问题。如果通过提供失业保险金和退休金解决了农地流转问题,实现了农业的适度规模经营,就能够避免耕地撂荒,提升粮食产量,减少粮食进口量,降低对国外农产品的依赖程度。海关总署发布的数据表明,2021年中国农产品贸易逆差达1378亿美元,全年粮食进口总量达到16453.9万吨,较2020年同期增长了18%。相当于中国粮食产量的24.07%,玉米、小麦价格倒挂,大豆和油料对外依存度高(近5年大豆的平均进口依赖度达87.88%,棕榈油达99.97%,菜籽油达14.45%),巨大的粮食供需缺口严重威胁中国的粮食安全。同时,粮食产量增加可以降低国内粮食消费价格,进而降低肉、禽、蛋、奶等食品价格,最后降低人民的生活成本,提高人民生活质量。以2021年为例,全国人均在食品、烟酒及其他农产品(含加工品)上的消费额7178元,据此推算,全国14.13亿人消费总额达到101425.14亿元。如果粮食和其他农副产品(含加工品)的价格因生产效率提高而降低10%,实现农产品贸易平衡,那么全国人民在食品消费支出方面将减少超过1万亿元,同时,用于购买海外农产品的费用也将减少近9000亿元,这将近1.9万亿元足以支付农民工的失业保险金和老年农民的退休金。当然,这种算法比较粗略,但它至少为解决提高农民工和老年农民社会保障水平的问题提供了一个值得考虑的思路。

(三)改革户籍制度,方便城市有志、有识、有才之士下乡

相对而言,城市居民通常拥有更为雄厚的资金基础、先进的技术能力、广泛的社会资本以及科学的经营管理理念。改革户籍制度,有条件开放入籍农村,配

套完善相关政策,平衡人籍户权利义务关系,实行业(事业)在籍在、籍随业(事业)走,为那些有农业情怀、有资金、有技术的城市居民,在农村创业兴业创造必要的条件与支持。

(四)加强农村基础设施建设,推进公共服务均等化

当前,我国农村地区,特别是偏远农村,基础设施建设严重滞后,交通、通信不畅,水、电、气、网(网络)覆盖不足,配套设施不全,卫生条件差,生活不便,公共服务水平低,导致习惯城市生活的年轻人,甚至包括从农村出去的年轻人对农村望而却步,不愿意在农村生产、生活。在实地调查中,许多大学生坦言:“短时间待在农村可以,但长期在农村生活、工作不行。”为此,应加强农村基础设施建设,提高农村公共服务水平,实现城乡公共服务均等化,以缩小城乡生活品质的差距,应努力创造“工作在乡村、生活品质不输城市”的环境,以便吸引那些接受过高等农业教育和技术培训的高素质人才扎根农村、建设农村,为乡村振兴事业贡献智慧和力量。

(五)像发展重工业那样发展农业

在大众的认知里,农业技术含量不高,劳动者不需要什么技能,只要成年了,有一定体力,就可以从事农业生产;农业的发展几乎不需要什么投入,因为农业自古以来就是自然存在的。的确,传统农业确实就是这样。但这也决定了传统农业的低效率与低效益,导致了它的弱质性,在现代社会各产业的竞争中处于不利地位,在市场机制作用下要素不断从农村和农业中流出,农业趋于衰落,农村走向凋敝。因此,必须摆脱市场原教旨主义的束缚,在资源配置过程中,充分发挥政府这只“看得见的手”的作用,投入大量资源兴建农业基础设施,改善农业生产条件。同时,加强农业科学技术研发和人员培训,用现代科学技术的最新成果改造农业,装备农业,使农业像重工业那样成为资金密集型、知识密集型、技术密集型产业,这是实现农业现代化的必由之路。当然,也有一些国家在纯粹的市场机制下实现了农业现代化,但这是以漫长的时间和多次经济危机为代价的。中

国作为后发国家面对先进农业国的激烈竞争，已不再拥有当年那些国家在实现农业现代化时所享有的国际环境优势。因此，中国农业要么在国家的支持下崛起，要么最终被跨国农业资本所压制，没有第三种可能。

第七章　新型农村集体经济组织农民参与意愿、方式及其影响因素研究

中国“三农”的根本出路，从基本经济制度和经营方式而言，要在条件成熟时实现邓小平所说的中国社会主义农业的“第二个飞跃”，坚持集体所有制、实行集体规模经营、发展集体经济。[①]人是生产力诸要素中最革命、最活跃的因素。因此，“三农”问题的解决，最终还是要靠人。农民是发展农业、解决“三农”问题的主体力量。集体是一种利益共同体，集体行动的目的是增进由个人组成的集团的共同利益。因此，农村集体组织应当是志同道合的农民为追求共同利益而形成的经济组织，其中，充分尊重农民的意愿是新型农村集体经济组织区别于传统集体经济组织的一个重要特征。近年来，各级政府高度重视发展新型农村集体经济，出台了一系列支持与鼓励政策，但不少地方的新型农村集体经济组织发展面临着“上面热、下面冷”的问题：政府很热情，但农民无动于衷。农民是否愿意加入新型农村集体经济组织、他们倾向于以何种方式参与，影响农民参与意愿及参与方式的主要因素有哪些，如何有效调动农民加入新型农村集体经济组织的积极性，成为当前新型农村集体经济发展中亟待解决的问题。

①简新华，李楠．中国农业实现“第二个飞跃”的路径新探——贵州省塘约村新型集体经营方式的调查思考[J]．社会科学战线，2017(12)：79-90.

一、文献回顾

现阶段，新型农村集体经济组织是相对于传统的基于农村土地集体所有的家庭承包经营“分户单干”模式而言的，主要实现形式是合作社、土地股份合作社和股份合作社。学术界对新型农村集体经济组织农民参与意愿及其影响因素的研究，主要聚焦在农民参与合作社与土地股份合作社的意愿及其影响因素上。郭红东等采用Logistic模型研究了农户文化程度、年龄、经营土地面积、农业收入占比、农产品销售难度、种植历史、返销大户销售比例、农民组织销售比例等因素对农户参与专业合作经济组织意愿的影响。①张冬平等基于Logit模型分析了农户性别、年龄、文化程度、家庭劳动力数量、土地经营规模等因素对农户参与专业合作社意愿的影响。②卢向虎等基于169户农户的实地调研数据分析了农产品价格波动程度，农户文化程度、性别、年龄，家庭主要农产品类型、商品化程度、销售半径，家庭人口规模、主导农产品收入占家庭总收入的比重、家庭耕地面积、农产品生产经营面临的困难程度等因素对农户参与农民专业合作组织意愿的影响。③杨宗锦和柳思维采用Logistic模型分析了农户产权认知水平、对组织的信任度和农户入股意愿三者的关系。④马彦丽和施铁坤基于13个合作社340个农户的调查数据，运用因子分析法和Logistic模型，分析了影响农户加入农民专业合作社意愿和行为的因素，并特别关注了农户加入农民专业合作社意愿向行为的转化。⑤巨源远基于白水县苹果专业合作社的调查数据，分析了影响农民加

①郭红东，蒋文华.影响农户参与专业合作经济组织行为的因素分析——基于对浙江省农户的实证研究[J].中国农村经济，2004(05)：10-16+30.

②张冬平，丁鹭，夏海龙.基于Logit模型下农民加入专业合作社的意愿分析[J].河南农业大学学报，2007(03)：338-341.

③卢向虎，吕新业，秦富.农户参加农民专业合作组织意愿的实证分析——基于7省24市(县)农户的调研数据[J].农业经济问题，2008(01)：26-31.

④杨宗锦，柳思维.产权认知、组织信任与农户入股意愿的实证考察[J].统计与决策，2011(13)：97-99.

⑤马彦丽，施铁坤.农户加入农民专业合作社的意愿、行为及其转化——基于13个合作社340个农户的实证研究[J].农业技术经济，2012(06)：101-108.

入农业专业合作社意愿的内在因素。①钟颖琦等基于扩展的计划行为理论分析了行为态度、主观规范和知觉行为控制对农户加入合作社意愿和行为的影响。②近年来，以塘约道路为代表的农村集体经济发展新模式方兴未艾，“有地出地、有人出人、有钱出钱”成为农民参与农村集体经济的新方式。然而，目前关于此类农村集体经济发展新模式下农民参与意愿及其影响因素的研究文献鲜有。此外，各地大力倡导发展新型农村集体经济，并要求党员、干部发挥模范带头作用。尽管现有的研究也涉及农户自身禀赋差异对参与新型农村集体经济组织意愿的影响，但没有把农户的政治身份纳入研究范畴，而且尚未见到研究农民参与方式及其影响因素的文献。

基于此，本章基于重庆市农户实地调查数据，以农民对新型农村集体经济组织参与意愿为研究对象，在充分借鉴现有研究成果的基础上，通过构建有序Logistic模型，试图考察农民的个人特征、家庭特征、当地政策环境、对农村集体经济组织经济效益的认知、当地农村集体经济组织运作的示范作用对农村集体经济组织参与意愿的影响，以及农民的个人特征、家庭特征对农民参与方式的影响，在一定程度上丰富农村集体经济组织农民参与问题的研究。

二、数据来源与样本基本情况

（一）数据来源

本章所用数据来源于笔者2019年6月至2020年6月实地入户调查和依托问卷星平台进行的网络调查。笔者根据对重庆市各区县农业农村委员会的面上调查结果，甄选出在新型农村集体经济发展方面具有一定代表性的若干村。随后，从这些村中随机选择了132个样本村，再从这些样本村中随机选择30～40位村

①巨源远.影响农民加入农业专业合作社意愿的内在因素分析——基于白水县苹果专业合作社的调查[J].统计与信息论坛，2010，25(07)：103-106.

②钟颖琦，黄祖辉，吴林海.农户加入合作社意愿与行为的差异分析[J].西北农林科技大学学报(社会科学版)，2016，16(06)：66-74.

民进行抽样调查。对于外出务工的村民，则在村委会的配合下通过微信以视频通话或语音通话的方式进行了远程在线调查。鉴于社会的不断进步，农民家庭也逐渐由传统向现代转变，年轻人越来越广泛地参与到家庭重大事项的决策中(本次调查表明，30.08%的家庭中成年的中青年家庭成员是当家人)，因此，本次调查将属于农二代的年轻人纳入调查范围。本次调查共发出调查问卷(含电子问卷)5000份，收回问卷4508份，回收率90.16%，剔除了476份存在逻辑上矛盾或与基本事实出入较大的无效问卷，最终有效问卷4032份，问卷有效回收率89.44%。

(二)样本基本情况

本次调查涉及重庆市18个区(县)，102个乡(镇)，132个村。被调查村民的地域分布情况，如表7-1所示。

表7-1　被调查村民地域分布情况

地区	村民/人	占总人数的比例/%
重庆都市圈	1778	44.10
渝东南武陵山区	318	7.89
渝东北三峡库区	1936	48.01

从地域分布情况来看，被调查村民主要集中在重庆都市圈和渝东北三峡库区，这两部分村民合计占被调查村民总数的92%以上，这与重庆市农村居民的地域分布大致一致。被调查村民基本情况，如表7-2所示。

表7-2　被调查村民基本情况

项目	类别	人数/人	占总人数的比例/%
性别	男	2287	56.72
	女	1745	43.28
年龄	30岁以下	1023	25.37

续表

项目	类别	人数/人	占总人数的比例/%
	30～50岁	2271	56.32
	51～60岁	545	13.52
	60岁以上	193	4.79
文化程度	小学以下	207	5.13
	小学	775	19.22
	初中	1025	25.42
	高中(中专)	904	22.42
	大专	537	13.32
	大学本科及以上	584	14.48
家庭经营耕地面积	<5亩	2545	63.12
	5～10亩	1136	28.17
	>10亩	287	7.12

由表7-2可知，被调查村民文化程度绝大多数(72.19%)在高中(中专)及以下，家庭经营耕地面积绝大多数(63.12%)在5亩以下。这与我国农民受教育程度有限、农业以小规模经营为主的基本国情相吻合，也说明本次调查样本具有良好的代表性。需要特别说明的是，本次被调查的农民中，有64人因国家征地等原因家庭没有经营的耕地。

本次调查发现，重庆市农村集体经济主要采取以下几种实现形式：第一，股份合作社模式，成员以土地、资金、劳动力、技术及管理等要素入股；第二，土地股份合作社模式，主要成员是农民，当地农户以自己承包的土地入股；第三，农民专业合作社模式，依据《中华人民共和国农民专业合作社法》，主要由从事同一种农产品生产、销售的农户组建而成；第四，传统的家庭承包经营模式。其中，传统的家庭承包经营模式仍然是主流。本次调查显示，约72.90%的村庄没有建立任何形式的合作社。在已存在的合作社中，农民专业合作社较为普遍；土地股份合作社的成立时间普遍较短，大多是近几年才成立的；股份合作社较少，但由于吸纳

成员方面展现出较高的灵活性，能够吸引资金实力雄厚、懂技术、会管理的成员加入，因此具备较强的市场竞争力。本章所研究的新型农村集体经济主要是指前两种实现形式，即股份合作社和土地股份合作社。

三、模型构建与变量描述

（一）模型选择与研究方法

1.模型选择

（1）参与意愿影响因素模型

在研究参与意愿及其影响因素时，常用的计量模型为二值选择模型。然而，鉴于我国农村集体经济已有长达几十年的实践历程，农民对农村集体经济的认识和态度比较复杂。因此，简单的两分法不足以反映农民参与新型农村集体经济组织的意愿。为了更细致地描绘农民参与新型农村集体经济组织的意愿，本章采用多值排序选择模型来分析。结合研究对象，有序Logistic模型定义如下。

$$y^{*} = \alpha + \sum_{i=1}^{n}\beta_{i}x_{i} + \varepsilon \qquad (7\text{-}1)$$

式(7-1)中，y^{*}是不可被直接观测的潜在变量，ε为随机误差项，α为常数项，β为系数项，x_i表示对农民参与新型农村集体经济组织意愿有影响的第i个因素$(i = 1, 2, \cdots, n)$。当实际观测反应变量y有$m(m \in [1, 2, 3, 4, 5])$种类别时，相应取值为$y = 1, y = 2, \cdots, y = m$，并且取值逐渐增大，于是，共有$m - 1$个未知分界点将各相邻类别分开。即如果$y^{*} \leqslant \mu_1$，则$y=1$；如果$\mu_1 < y^{*} \leqslant \mu_2$，则$y = 2$；…；如果$\mu_{m-1} < y^{*} < \mu_m$，则$y = m$。$\mu_1, \mu_2, \cdots, \mu_m$为分界点，$\mu_1 < \mu_2 < \cdots < \mu_m$，且$\mu_1 = 0$。有序Logistic模型可以定义为：

$$\ln\left(\frac{P(y \leqslant m)}{1 - P(y \leqslant m)}\right) = \mu_m - \left(\alpha + \sum_{i=1}^{n}\beta_{i}x_{i}\right) \qquad (7\text{-}2)$$

式(7-2)中,$P(y \leqslant m)$可以通过下式估计。

$$P(y \leqslant m) = \frac{e^{\left(\mu_m - \left(\alpha + \sum_{i=1}^{n} \beta_i x_i\right)\right)}}{1 + e^{\left(\mu_m - \left(\alpha + \sum_{i=1}^{n} \beta_i x_i\right)\right)}} \tag{7-3}$$

一旦估计出$P(y \leqslant m)$,则属于各个类别的概率可以表示为:

$$P(y = m) = P(y \leqslant m) - P(y \leqslant m - 1) \tag{7-4}$$

式(7-2)、式(7-3)和式(7-4)中,$P(y = m)$表示农民参与新型农村集体经济组织意愿属于第m类的概率,$P(y \leqslant m)$表示农民参与新型农村集体经济组织意愿属于第m类以及m以下类别的累积概率。在Logistic回归模型中,发生比率(odds ratio, OR值)被用来解释自变量对事件发生概率的作用。发生比率用参数估计值的指数来计算,若x_i的回归系数为β_i,则OR值为e^{β_i}。其含义指的是,在其他条件不变的情况下,因素x_i每增加1个单位,农民k从目前所选择的某种农民参与新型农村集体经济组织意愿(m_k)改变为选择农民参与新型农村集体经济组织意愿(m_k+1)的概率将变为原来取值$P(y = m)$的e^{β_i}倍。

(2)参与方式影响因素模型

本章采用多项Logistic回归模型来研究农民参与方式的影响因素。多项Logistic回归模型为:

$$\ln\left[\frac{P(y = j|x)}{P(y = J|x)}\right] = \alpha_j + \sum_{k=1}^{k} \beta_{jk} x_k \tag{7-5}$$

式(7-5)中,α_j为回归截距,β_{jk}为回归系数,x为解释变量;k为解释变量个数;$P(y = j|x)$为条件概率;J为反应变量种类。

在进行多项Logistic回归模型研究时,如果有J种反应变量,则所建立的模型中会存在J-1个Logistic,那么第J种反应变量将会被当成一种参照。第j类反应的概率为:

$$P(y = j|x) = \frac{\exp\left(\alpha_j + \sum_{k=1}^{k} \beta_{jk} x_k\right)}{1 + \sum_{j=1}^{J-1} \exp\left(\alpha_j + \sum_{k=1}^{k} \beta_{jk} x_k\right)} \tag{7-6}$$

$j=1,2,\cdots,J-1$。

2.研究方法

(1)参与意愿影响因素的研究方法

考虑到目前新型农村集体经济还处于起步阶段,且各地区新型农村集体经济发展程度差异较大,本章基于经济人假设,以农民参与新型农村集体经济组织意愿为被解释变量,以农民对新型农村集体经济组织经济效益的预期为基本解释变量,构建农民参与新型农村集体经济组织意愿影响因素的基础模型,然后,在此基础上根据农民的实际情况逐步加入若干控制变量,以便从更广泛的角度考察农民参与新型农村集体经济组织意愿的影响因素。基本模型(下文称"模型1"),见式(7-7)。

$$y_i^* = \alpha + x_1 + \varepsilon_i \tag{7-7}$$

其中,x_1是农民对新型农村集体经济组织经济效益的预期。

改革开放以来,与个人利益有机结合的合作利益观、农村集体主义道德不仅回归理性而且发生了前所未有的新跃升。[①]集体经济组织不仅是一种生产方式,也是一种生活方式。农民参与新型农村集体经济组织的目的有可能是为了追求自己所喜欢的生活方式、体现自己的价值诉求。另外,一旦政治路线明确,干部便成为决定性因素。发展农村集体经济的领导责任、引领使命和服务供给义务必然落在农村基层党组织和党员干部肩上。[②]因此,农民的参与意愿还受到农民个人特征的影响。本章在模型1的基础上引入农民个人特征变量,从而构建了模型2,见式(7-8)。

$$y_i^* = \alpha + x_1 + \sum_{i=1}^{k} x_i + \varepsilon_i \tag{7-8}$$

其中,x_i是农民个人特征变量。

此外,作为家庭成员之一,农民在决定是否参与新型农村集体经济组织时,

①乔法容,张博.当代中国农村集体主义道德的新元素新维度——以制度变迁下的农村农民合作社新型主体为背景[J].伦理学研究,2014(06):7-14.

②毛铖.农村基层党组织在村集体经济发展中的关键性引领作用——基于南街村、周家庄与官桥八组的典型调查[J].中共福建省委党校学报,2019(04):81-88.

除了要考虑个人的喜好和价值追求外，还要考虑整个家庭农业生产的实际需求。因此，农民的参与意愿还受到农民家庭特征的影响。本章在模型2的基础上引入农民家庭特征变量，从而构建了模型3，见式(7-9)。

$$y_i^* = \alpha + x_1 + \sum_{i=1}^{k} x_i + \sum_{j=1}^{m} x_j + \varepsilon_i \tag{7-9}$$

其中，x_j是农民家庭特征变量。

除了农民个人及家庭因素以外，农民参与新型农村集体经济组织的意愿还受到外部环境的影响。土地确权与“三变”改革为发展新型农村集体经济奠定了重要基础。国家政策的落实离不开基层干部的积极推动。此外，由于当前村社干部是新型农村集体经济组织的主导者，农民的参与意愿还受到当地村社干部具体作为的影响。①因此，农民的参与意愿还受到当地土地确权、“三变”改革以及村社干部具体作为所形成的政策环境的影响。本章在模型3的基础上引入农民对当地政策环境的认知变量，从而构建了模型4，见式(7-10)。

$$y_i^* = \alpha + x_1 + \sum_{i=1}^{k} x_i + \sum_{j=1}^{m} x_j + \sum_{o=1}^{q} x_o + \varepsilon_i \tag{7-10}$$

其中，x_o是农民对当地政策环境的认知变量。

另外，由于参与新型农村集体经济组织要让渡部分经营权，农民可能会顾虑参与后自身权益被剥夺、利益被侵害。因此，农民参与新型农村集体经济组织的意愿，除了他们对新型农村集体经济组织经济效益的认知外，还受到他们所了解的新型农村集体经济组织运行规范程度的影响。本章在模型4的基础上引入农民对当地新型农村集体经济组织运行规范程度的认知变量，从而构建了模型5，见式(7-11)。

$$y_i^* = \alpha + x_1 + \sum_{i=1}^{k} x_i + \sum_{j=1}^{m} x_j + \sum_{o=1}^{q} x_o + \sum_{r=1}^{s} x_r + \varepsilon_i \tag{7-11}$$

其中，x_r是农民对当地新型农村集体经济组织运行规范程度的认知变量。

(2)参与方式影响因素的研究方法

当前，农民参与新型农村集体经济组织的方式多种多样，主要有以土地入

①毛铖.农村基层党组织在村集体经济发展中的关键性引领作用——基于南街村、周家庄与官桥八组的典型调查[J].中共福建省委党校学报,2019(04):81-88.

股、以资金入股、以劳动力入股、以土地与资金入股、以土地与劳动力入股、以资金与劳动力入股等方式。如果农民愿意参与新型农村集体经济组织，其参与方式主要受家庭资源禀赋的影响。因此，本章以农民参与新型农村集体经济组织的方式为被解释变量，以农民家庭特征为解释变量，构建新型农村集体经济组织农民参与方式影响因素多项选择模型，见式(7-12)。

$$y_i^{'*} = \beta + \sum_{j=1}^{m} x_j + u_i \qquad (7-12)$$

其中，x_j是农民家庭特征变量。

(二)变量选取与描述

本章以农民参与新型农村集体经济组织的意愿与方式为被解释变量。解释变量包括农民对新型农村集体经济组织经济效益的认知、农民个人特征、农民家庭特征、农民对当地政策环境的认知、农民对当地新型农村集体经济组织运行规范程度的认知。每组解释变量中选取若干具体的、可量化的指标作为描述性变量。有关变量的测量、描述性统计及对被解释变量影响方向的预期，如表7-3所示。

表7-3　变量的测量及描述性统计

变量名称	测量及赋值	均值	标准差	预测方向
被解释变量				
参与意愿	(对未参与新型农村集体经济组织的农民)如果新型农村集体经济组织愿意接纳你，你是否愿意参与新型农村集体经济组织？ 非常不愿意=1；不愿意=2；不太愿意=3；说不清，得看情况=4；比较愿意=5；愿意=6；非常愿意=7 (对已参与新型农村集体经济组织的农民)你是否愿意介绍亲朋好友参与新型农村集体经济组织？ 非常不愿意=1；不愿意=2；不太愿意=3；说不清，得看情况=4；比较愿意=5；愿意=6；非常愿意=7	5.131	1.411	

续表

变量名称	测量及赋值	均值	标准差	预测方向
参与方式	以土地入股=1；以资金入股=2；以劳动力入股=3；以土地与资金入股=4；以土地与劳动力入股=5；以资金与劳动力入股=6；以土地、资金与劳动力入股=7	–	–	
解释变量				
农民对新型农村集体经济组织经济效益的认知变量(x_1)	（对未参与新型农村集体经济组织的农民）你觉得参与新型农村集体经济组织能增加自己的经济收入吗？ 肯定不能=1；不能=2；基本上不能=3；说不清=4；基本上能=5；能=6；肯定能=7 （对已参与新型农村集体经济组织的农民）你参与的新型农村集体经济组织的经济效益如何？ 很差=1；差=2；比较差=3；说不清=4；比较好=5；好=6；非常好=7	5.385	1.33	+
农民个人特征变量				
性别(x_2)	男=1；女=0	0.567	0.495	–
年龄(x_3)	实际年龄（岁）	39.466	12.862	?
文化程度(x_4)	小学以下=1；小学=2；初中=3；高中（中专）=4；大专=5；大学本科及以上=6	3.629	1.436	?
是否正在打工(x_5)	是=1；不是=0	0.508	0.500	?
是否为党员(x_6)	是=1；不是=0	0.175	0.380	+
是否正在担任干部(x_7)	是=1；不是=0	0.141	0.348	+
农民家庭特征变量				
缺资金(x_8)	缺=1；不缺=0	0.508	0.500	–
缺技术(x_9)	缺=1；不缺=0	0.403	0.491	+
农产品销售困难(x_{10})	困难=1；不困难=0	0.280	0.449	+

续表

变量名称	测量及赋值	均值	标准差	预测方向
缺劳力(x_{11})	缺=1;不缺=0	0.337	0.473	+
不赚钱(x_{12})	是=1;不是=0	0.423	0.494	+
耕地面积(x_{13})	家庭承包经营土地面积(亩)	5.710	10.656	+
兼业化程度(x_{14})	非农收入占家庭收入的比重。20%及以下=1;21%~40%=2;41%~60%=3;61%~80%=4;80%以上=5	1.683	1.061	?
农民对当地政策环境的认知变量				
土地确权情况(x_{15})	你们村进行了公平公正的土地确权吗?进行了=1;没有进行=0	0.699	0.459	+
“三变”改革情况(x_{16})	你们村进行了“三变”改革吗?进行了=1;没有进行或进行不彻底=0	0.429	0.495	+
村社干部作为情况(x_{17})	你觉得你们村“两委”干部在贯彻执行党的乡村振兴战略、带领农民增收致富中发挥重要作用了吗?完全没有做到=1;没做到=2;基本上没有做到=3;说不清=4;基本上做到了=5;做到了=6;完全做到了=7	2.865	1.602	+
农民对当地新型农村集体经济组织运行规范程度的认知变量				
日常管理规范性(x_{18})	你所了解的新型农村集体经济组织日常管理规范吗?很不规范=1;不规范=2;比较不规范=3;说不清=4;比较规范=5;规范=6;很规范=7	5.671	1.132	+
财务管理规范性(x_{19})	你所了解的新型农村集体经济组织在经营过程做到了账目清楚、财务管理规范吗?完全没有做到=1;没做到=2;基本上没有做到=3;说不清=4;基本上做到了=5;做到了=6;完全做到了=7	5.852	1.190	+

续表

变量名称	测量及赋值	均值	标准差	预测方向
经济利益(利润)分配公平合理性(x_{20})	你所了解的新型农村集体经济组织在经济利益(利润)分配上做到了公平、合理吗? 完全没有做到=1;没做到=2;基本上没有做到=3;说不清=4;基本上做到了=5;做到了=6;完全做到了=7	5.893	1.125	+
负责人是否乐于奉献(x_{21})	你是否认同这些新型农村集体经济组织的主要负责人有一颗为了乡亲们发家致富乐于奉献的心? 非常不认同=1;不认同=2;比较不认同=3;说不清=4;比较认同=5;认同=6;非常认同=7	5.839	1.011	+

备注:预测方向中,"+"表示有正向影响,"-"表示有负向影响,"?"表示影响方向待定。

第一组为农民对新型农村集体经济组织经济效益的认知变量。由于各地新型农村集体经济组织发展水平参差不齐,本章以农民根据自己的认知对新型农村集体经济组织是否能增加自己的经济收入的主观预期作为农民对新型农村集体经济组织经济效益认知的描述变量。

第二组为农民个人特征变量,包括农民的性别、年龄、文化程度、政治身份(是否为党员、是否正在担任干部)、个人经历(是否正在打工)。发展新型农村集体经济既是一个经济问题,也是一个政治问题。发展新型农村集体经济组织得到了各级政府大力扶持与积极推动,并明确要求基层干部以身作则,全力以赴地推进其实施。发展新型农村集体经济组织,在意识形态层面更加契合共产党人追求共同富裕的理想目标,农民党员可能有更强的参与意愿。另外,企业是通过集体协作完成特定任务的,打工的农民对集体协作的必要性有更深刻的体会。相较于传统家庭联产承包责任制的"分户单干",新型农村集体经济组织更注重集体协作。因此,那些正在打工的农民参与意愿可能更强烈。另一方面,农民工

家庭的收入来源往往更为多元化,也可能因此“看淡”来自农业的收入,从而削弱参与意愿。但无论如何,是否正在打工都是影响农民参与意愿的重要因素。由于女性在体力上相对较弱,她们可能更倾向于参与新型农村集体经济组织,以便通过集体成员间的协作来弥补自己体力上的不足。文化程度较高的农民接受新事物的意识和能力更强,新型农村集体经济组织作为一种新事物可能更容易被他们接受。然而,这些农民也更易于掌握先进的农业生产技术和工具,同时具备较强的市场意识和经营管理能力,对其他农民的依赖性较弱。从这个角度来看,他们参与新型农村集体经济组织的意愿可能会相对较低。年轻人更容易接受新事物,因此可能有更强的参与意愿。相比之下,年龄较大的农民由于体力上的相对较弱,加之文化程度有限等因素,可能在掌握农业生产新技术、新工具时面临更多困难。因此,他们可能更愿意参与新型农村集体经济组织,通过集体成员间的协作来弥补自己的不足。综上所述,个人经历、文化程度以及年龄对参与意愿的影响有待于实证研究的进一步验证。

第三组为农民家庭特征变量,包括经营的耕地面积、兼业化程度以及在农业生产中遇到的困难等。对于那些经营耕地面积大的“大户”而言,其主要收入来源于农业,因此,他们更倾向于通过参与新型农村集体经济组织来进一步发挥农业生产的规模经济效益,故而参与意愿更强。兼业化程度高的农民,其家庭收入来源往往更为多元化,农业生产收入在家庭收入来源中的地位有可能边缘化,因而参与意愿可能较弱。然而,出于不愿土地闲置的考虑,这些农民也可能愿意通过参与新型农村集体经济组织来获得土地分红收入,因而参与意愿可能较高。本章用非农收入在家庭收入中所占的比重来表述农民家庭的兼业化程度。在农业生产中遇到困难的农民参与新型农村集体经济组织,就可以借助集体的力量克服这些困难。本次调查表明,农民在农业生产中面临的主要困难是缺资金、缺劳力、缺生产优质农产品的技术、农产品销售困难以及经济效益差(不赚钱)。因此,本章把上述困难纳入影响农民参与新型农村集体经济组织意愿的家庭特征变量之中。

第四组为农民对当地政策环境的认知变量,包括当地是否进行了土地确权、

"三变"改革，以及农民对村"两委"干部在贯彻执行党的乡村振兴战略、带领农民增收致富中是否积极作为的认知。如果村"两委"干部积极作为，带领村民进行土地确权、扎实推进"三变"改革，为新型农村集体经济组织发展创造了良好的政策环境，那么村民的参与意愿可能相对较高。

第五组为农民对当地新型农村集体经济组织运行规范程度的认知变量，包括农民对新型农村集体经济组织日常管理、财务管理、利润分配以及新型农村集体经济组织负责人是否乐于奉献等方面的主观评价。由于以人民公社为代表的传统农村集体经济统得过多、管得过死以及劳动成果分配中的平均主义给农民留下了深刻印象。因此，农民十分珍惜家庭联产承包责任制所赋予的生产经营自主权。农民希望自己参与或将要参与的新型农村集体经济组织日常管理规范、财务管理账目清楚、利润分配公平合理。同时，农村是个熟人社会，农民非常看重新型农村集体经济组织负责人的人品，如果新型农村集体经济组织负责人自私自利，就有可能以权谋私，其他成员的利益就会受到损害。因此，新型农村集体经济组织负责人能否克己奉公、乐于奉献将影响农民的参与意愿。本章把农民对新型农村集体经济组织负责人是否乐于奉献的认知纳入农民对他所了解的新型农村集体经济组织运行规范程度的认知变量之中。

四、实证分析与结果讨论

（一）参与意愿影响因素

如果新型农村集体经济组织的负责人乐于奉献，那么他就不会利用手中的职权便利谋取私利，新型农村集体经济组织的日常管理、财务管理就会相对规范，利润（利益）的分配也会相对公平合理，四者间存在着逻辑上的内在必然联系。本次调查结果表明，四者之间的等级相关系数如表7-4所示。

表7-4　日常管理规范性、财务管理规范性、经济利益(利润)分配公平合理性和负责人是否乐于奉献相关系数及其显著性检验

	x_{18}	x_{19}	x_{20}	x_{21}
x_{18}	1.0000	—	—	—
x_{19}	0.4818**	1.0000	—	—
x_{20}	0.6123**	0.6591**	1.0000	—
x_{21}	0.6312**	0.6429**	0.7971**	1.0000

注:*、**、***分别表示在10%、5%、1%的水平上显著。

可见,这四个变量间存在较高的共线性,为了避免严重多重共线性对分析结果造成干扰,本章借鉴马彦丽和施铁坤①的研究方法,采用主成分分析法对部分存在共线性的影响变量进行因子分析。KMO检验和Bartlett球形检验结果如表7-5所示。

表7-5　KMO检验和Bartlett球形检验结果

变量	检验方法	检验结果
新型农村集体经济组织运行规范程度认知变量	KMO检验	0.800
	Bartlett球形检验	2849.554($P<0.01$)

由表7-5可知,这些变量的KMO值为0.800,大于0.7,Bartlett球形检验显著性概率小于0.01,满足因子分析的条件,可以进行因子分析。因子分析结果表明,农民对新型农村集体经济组织运行规范程度认知变量的第一主成分特征值为2.985,贡献率为74.62%;第二主成分特征值为0.492。根据特征值大于1的提取原则,提取第一个主成分就可以很好地描述这两个变量的信息。农民对新型农村集体经济组织运行规范程度认知变量第一主成分($x_{normalization}$)相应描述性变量x_{18}、x_{19}、x_{20}和x_{21}的因子载荷分别为0.802、0.840、0.922和0.866,$x_{normalization}=0.802*x_{18}+0.840*x_{19}+0.922*x_{20}+0.866*x_{21}$。

①马彦丽,施铁坤.农户加入农民专业合作社的意愿、行为及其转化——基于13个合作社340个农户的实证研究[J].农业技术经济,2012(06):101-108.

本章运用STATA15.0软件对样本数据依次应用模型1～5进行了实证分析，估计结果如表7-6所示。

表7-6　实证分析估计结果

	模型1	模型2	模型3	模型4	模型5
x_1	0.8999***	0.8366***	0.8157***	0.7935***	0.7107***
	(0.0262)	(0.0271)	(0.0275)	(0.0287)	(0.0825)
x_2	—	0.2758***	0.3074***	0.2914***	0.1408
	—	(0.0601)	(0.0618)	(0.0620)	(0.1319)
x_3	—	-0.0028	-0.0045	-0.0045	0.0388***
	—	(0.0031)	(0.0032)	(0.0032)	(0.0077)
x_4	—	-0.0693**	-0.0484	-0.0576*	0.0938
	—	(0.0289)	(0.0298)	(0.0299)	(0.0690)
x_5	—	-0.2996***	-0.2520***	-0.2184***	-1.007***
	—	(0.0554)	(0.0580)	(0.0585)	(0.1166)
x_6	—	0.2265*	0.2020*	0.1751	0.5511**
	—	(0.1170)	(0.1206)	(0.1209)	(0.2289)
x_7	—	0.9938***	0.8469***	0.6091***	0.5197**
	—	(0.1427)	(0.1474)	(0.1498)	(0.2294)
$x_6 * x_7$	—	-0.3279	-0.1523	-0.0225	-0.7800**
	—	(0.2004)	(0.2056)	(0.2059)	(0.3228)
x_8	—	—	-0.0169	-0.0017	0.1518
	—	—	(0.0674)	(0.0680)	(0.1430)
x_9	—	—	0.3691***	0.3543***	0.5882***
	—	—	(0.0703)	(0.0713)	(0.1434)

续表

	模型1	模型2	模型3	模型4	模型5
x_{10}	—	—	0.0741	0.0714	0.0757
	—	—	(0.0734)	(0.0737)	(0.1378)
x_{11}	—	—	-0.0863	-0.1539**	0.0612
	—	—	(0.0661)	(0.0672)	(0.1495)
x_{12}	—	—	-0.3436***	-0.3079***	-1.1692***
	—	—	(0.0659)	(0.0663)	(0.1543)
x_{13}	—	—	-0.0139***	-0.0134***	-0.0562***
	—	—	(0.00262)	(0.0026)	(0.0167)
x_{14}	—	—	0.1476***	0.1210***	0.2983***
	—	—	(0.0299)	(0.0304)	(0.0694)
x_{15}	—	—	—	0.4673***	0.6102***
	—	—	—	(0.0722)	(0.2054)
x_{16}	—	—	—	0.3840***	0.7741***
	—	—	—	(0.0686)	(0.1576)
x_{17}	—	—	—	0.0100	0.1282**
	—	—	—	(0.0235)	(0.0604)
$x_{normalization}$	—	—	—	—	0.1931***
	—	—	—	—	(0.0261)
N	4032	4032	3968	3968	1192
对数似然值	-5764.198	-5686.442	-5540.188	-5487.308	-1270.849
卡方检验值	1326.80	1482.31	1598.67	1704.43	779.80
Pseudo R^2	0.1032	0.1153	0.1261	0.1344	0.2348

注:(1)为了消除农民同时具有党员和干部双重身份可能引发的干扰因素,本章在实证分析时引入了二者的交互项;(2)括号内为标准误;(3)*、**、***分别表示在10%、5%、1%的水平上显著。

由以上分析结果可以得出以下结论：

①对新型农村集体经济组织经济效益的预期认知对农民参与新型农村集体经济组织意愿有显著的正向影响。模型1的分析结果表明，农民对参与新型农村集体经济组织能够增加自己的经济收入的预期越强烈，他们参与新型农村集体经济组织的意愿越迫切。在不断引入新的控制变量的模型2～5的分析结果也表明，尽管随着新控制变量的逐步引入，这种预期认知对参与意愿的影响程度有所减弱，但它仍然呈现出显著的正向影响。

②个人特征，如是否正在打工、是否正在担任干部等对农民参与新型农村集体经济组织的意愿有显著影响。没有打工、正在担任干部的农民参与意愿相对更强。可能的原因是，没有打工的农民以农业收入为主要收入来源，因此他们更希望通过加入合作社、股份合作社等新型农村集体经济组织，以集体的力量解决农业生产经营中遇到的问题和困难，以期获得更多的经济收入。作为干部，要发挥模范引领作用，在国家倡导发展新型农村集体经济组织的背景下，更有责任和义务参与新型农村集体经济组织，通过自身实践来现身说法，说服其他村民参与。如果不考虑新型农村集体经济组织运行规范程度因素，相较于女性，男性的参与意愿更强一些。这可能是男性的风险偏好更强。本次调查发现，由于农村空壳化、农业边缘化，农村土地等资源利用率不高。直观上，通过集体经济组织把这些闲置的资源利用起来能够在一定程度上增加农民收入。一旦了解了新型农村集体经济组织运行规范程度情况，性别就不再是影响农民参与意愿的因素。如果不考虑是否了解新型农村集体经济组织经营管理实际情况，年龄对农民参与意愿没有显著影响，一旦了解了新型农村集体经济组织运行规范程度情况，年龄就成为影响农民参与意愿的重要因素，年长的农民参与意愿更强。可能的原因是，年长的农民对当年集体化生产模式（生产队模式）怀有更深厚的情感（实地调查表明，相当多的年长的农民，特别是60岁以上、生活困难的农民明显表现出对当年生产队集体生产“分工合作、各尽所能、各展所长、男女老幼弱各得其所”模式的怀念）。合作社、股份合作社等新型农村集体经济组织“统分结合”的经营模式能够在一定程度上满足他们的这种情感需求。从另一个角度也说明，年龄

对农民参与意愿的影响并不稳健，这与郭红东[①]的研究结论是一致的。文化程度只在模型2和模型4中显现出统计上显著的负向影响，文化程度越低的农民在农产品市场前景预判、农业新技术掌握方面越困难，因此他们更倾向于参与新型农村集体经济组织。然而，这方面的不足可以通过借助其他家庭成员或集体经济组织的力量来弥补。所以，在引入家庭特征、新型农村集体经济组织运行规范程度变量后，这种负向影响就削弱了甚至消除了。同时，百闻不如一见，新型农村集体经济组织实际运行情况更能影响农民的参与意愿。在新型农村集体经济组织规范运行的示范作用下，文化程度对农民参与意愿的影响被削弱了。除了模型4外，在其他几个模型中是否为党员均表现出统计上的显著性，党员参与意愿更强，这可能是党员追求共同富裕的理想信念对参与新型农村集体经济组织、帮助困难群众脱贫致富的意愿产生了积极的影响。而在模型4中，是否为党员未表现出显著性，这可能是由于"遮掩效应"[②]的作用，土地确权、"三变"改革、村"两委"干部在乡村振兴中积极作为所营造的政策环境对农民参与意愿的影响超过了党员个人理想信念的影响。

③反映家庭特征的家庭农业生产是否缺技术、不赚钱、兼业化程度以及耕地面积对农民参与新型农村集体经济组织的意愿有显著影响。缺技术、兼业化程度高以及耕地面积多的家庭，其参与新型农村集体经济组织的意愿更为迫切。缺技术的家庭希望通过集体的力量来克服自己面临的困难；耕地面积多或农业经营效益好的家庭则因其生产经营规模较大或因懂经营、善管理，参与新型农村集体经济组织后能够在新型农村集体经济组织中居于主导地位，获得更大的经济与社会利益而倾向于参与新型农村集体经济组织。兼业化程度高的家庭因其主要收入来源不是农业而"无暇"顾及自家的土地，他们希望通过参与新型农村集体经济组织，获得"额外"的分红收入。不赚钱的农户参与意愿更低，与理论预期相反。可能的原因在于，当前大部分土地股份合作社、股份合作社等新型农村

---

①郭红东，蒋文华.影响农户参与专业合作经济组织行为的因素分析——基于对浙江省农户的实证研究[J].中国农村经济，2004(05):10-16+30.

②张昊民，何奇学.高管薪酬激励与组织绩效:基于管理者过度自信的"遮掩效应"[J].现代财经(天津财经大学学报)，2017,37(06):65-77.

集体经济组织还处于起步阶段(本次实地调查表明,除个别合作社外,大多数合作社是近几年在政策推动下才建立的,其产品项目还没有投产运营),经济效益示范效应还没有体现。不赚钱的农户认为加入合作社同样赚不了钱,因而不愿意加入。相反,在农业生产中赚钱的农户参与意愿更强烈,由于这些农户已经尝到了通过农业生产发家致富的甜头,因此更意愿加入合作社,以期通过合作社的规模化经营进一步放大其生产效益。除了模型4外,缺劳力没有表现出统计上的显著性,这与理论预期不符。可能的原因在于,新型农村集体经济组织同样受到农村空壳化现象的影响,面临着劳动力短缺的问题,因此参与新型农村集体经济组织并不能解决农户面临的问题。缺资金、农产品销售困难在三个模型中均没有表现出统计上的显著性。可能的解释是,新型农村集体经济组织的融资能力不强,同时由于产品项目同质化现象严重(实地调查表明,重庆市农村集体经济组织主要生产当地大宗农产品,经营特色不够突出),导致新型农村集体经济组织在农产品销售上并无明显优势。因此,新型农村集体经济组织对缺资金、农产品销售困难的农户的吸引力不强。

④反映政策环境的土地确权、"三变"改革对农民参与新型农村集体经济组织的意愿有显著的正向影响。土地确权越是公平、公正,"三变"改革实施得越充分、越彻底,农民参与新型农村集体经济组织的意愿就越强烈。虽然"村社干部作为情况"在模型4中不显著,但在引入了农民对当地新型农村集体经济组织运行规范程度认知变量后(模型5中)显著。这说明,发展新型农村集体经济组织并非村社干部在推动乡村振兴和增加农民收入方面的唯一途径,但如果村社干部在发展新型农村集体经济组织过程中积极作为、一心为公、规范管理,将会激发农民参与新型农村集体经济组织的热情。

⑤农民对他们所了解的新型农村集体经济组织运行规范程度的认知对农民参与新型农村集体经济组织的意愿有显著的正向影响。模型5的分析结果表明,农民对新型农村集体经济组织运行规范程度的认知越积极、正面,他们参与新型农村集体经济组织的意愿就越强烈。至于农民对他们所了解的新型农村集体经济组织运行规范程度的认知变量中的各个具体因素对农民参与新型农村集

体经济组织意愿的影响，本章借鉴巨源远①的研究方法，通过计算特征因子回归系数与因子载荷的乘积来分析这些因素对农民参与新型农村集体经济组织的影响。当农民对前述影响因素的评价提升一个等级时，他们从当前的新型农村集体经济组织参与意愿等级(m_k)转变为选择更高一级参与意愿等级的概率，将分别增加$e^{0.1549}$、$e^{0.1622}$、$e^{0.1780}$和$e^{0.1672}$个单位。新型农村集体经济组织的日常管理越规范、财务管理越严谨、利润分配越公平合理以及新型农村集体经济组织负责人越乐于奉献，农民的参与意愿就会越强烈。

(二)参与方式影响因素

由于以土地入股是农民参与新型农村集体经济组织的主要方式(本次调查发现，69.57%的农民选择以土地入股)，因此，本章以土地入股为参照方案，运用STATA15.0软件对样本数据应用式(7-12)所示的模型进行了实证分析，估计结果如表7-7所示。

表7-7　新型农村集体经济组织农民参与方式影响因素估计

影响因素	以资金入股	以劳动力入股
x_8	-1.0303^{***}	1.0596^{***}
	(0.1966)	(0. 1590)
x_9	0.3854^{**}	-0.4576^{***}
	(0.1917)	(0.1703)
x_{10}	-0.4638^{**}	-0.5341^{***}
	(0.2114)	(0.1835)
x_{11}	-0.4728^{**}	0.1358
	(0.2053)	(0.1590)

①巨源远.影响农民加入农业专业合作社意愿的内在因素分析——基于白水县苹果专业合作社的调查[J].统计与信息论坛,2010,25(07):103-106.

续表

影响因素	以资金入股	以劳动力入股
x_{12}	-0.2557	0.0195
	(0.1752)	(0.1532)
x_{13}	-0.0302	-0.1772***
	(0.0198)	(0.0252)
x_{14}	0.0089	0.0161
	(0.0826)	(0.0621)
_cons	-1.1271***	-0.9648***
	(0.1694)	(0.1694)
N	1589	
对数似然值	-1188.8709	
卡方检验值	206.62	
Pseudo R^2	0.0800	

注:(1)括号内为标准误;(2)*、**、***分别表示在10%、5%、1%的水平上显著。

由以上分析结果可以得到以下结论:①在5%的显著性水平上,给定其他变量,缺资金、农产品销售困难、缺劳动力的农民不愿意以资金入股,缺技术的农民更愿意以资金入股,不赚钱、耕地面积、兼业化程度对农民是否选择以资金入股没有影响。②在5%的显著性水平上,给定其他变量,缺资金的农民更愿意以劳动力入股,缺技术、农产品销售困难、耕地面积较大的农民不愿意以劳动力入股,缺劳动力、不赚钱、兼业化程度对农民是否选择以劳动力入股没有影响。

五、研究结论与政策建议

本章基于4032份调查问卷数据基础，采用多值排序Logistic模型对农民参与新型农村集体经济组织的意愿的影响因素、采用多项选择模型对农民参与新型农村集体经济组织的方式进行了实证研究。根据前面的分析，可以得到以下结论：

①农民对新型农村集体经济组织经济效益的预期越正面，参与意愿越强烈。

②相对而言，正在打工的农民党员、正在担任干部的农民参与意愿更强。

③在当地没有新型农村集体经济组织或对新型农村集体经济组织运行规范程度不了解的情况下，男性相对于女性有更强的参与意愿；在了解新型农村集体经济组织运行规范程度的情况下，老年人比年轻人的参与意愿更强；受教育程度对农民的参与意愿有一定的影响，但家庭特征、新型农村集体经济组织运行规范程度会削弱这种影响。

④缺技术、赚到钱、兼业化程度高、耕地面积较大的家庭参与新型农村集体经济组织的意愿越迫切。

⑤土地确权、“三变”改革越彻底，村社干部在推动乡村振兴、发展新型农村集体经济组织中越积极作为，农民参与意愿越高。

⑥新型农村集体经济组织日常管理越规范、财务管理越严谨，利润分配越公平合理以及新型农村集体经济组织负责人越克己奉公，农民参与意愿越强烈。

⑦尽管以土地入股是农民参与新型农村集体经济组织的主要方式，但以资金、劳动力入股同样占据重要地位。缺技术的农民更愿意以资金入股，缺资金的农民更愿意以劳动力入股。

基于以上结论，在发展新型农村集体经济组织时，应注意以下几个方面。

①经济利益仍是农民参与新型农村集体经济组织的首要驱动力。发展新型农村集体经济组织，既要积极，更要稳妥，条件成熟一个发展一个，以点带面，避免一哄而上、撒“胡椒面”现象，要通过好的经济效益说服农民，增强他们对新型农村集体经济组织的信心。

②新型农村集体经济组织运行必须规范，要做到日常管理、财务管理规范化。

③要选派经营管理能力强、有奉献精神、有公心的干部担任新型农村集体经济组织的负责人，确保新型农村集体经济组织效益好且利润（利益）分配公平合理。

④村社等基层干部在乡村振兴中要积极作为，在土地确权的基础上扎实推进"三变"改革，为新型农村集体经济组织健康发展营造良好的政策环境。

⑤要充分发挥党员、干部的引领作用，新型农村集体经济组织在吸纳成员时，应首先考虑党员、干部。党员、干部要以身作则、率先垂范，为新型农村集体经济组织建章立制，保障新型农村集体经济组织规范运行。

⑥要充分利用新型农村集体经济组织在规模化经营上的优势，鼓励那些缺技术、兼业化程度高、耕地面积较多的家庭参与到新型农村集体经济组织中来。

⑦要创新农村集体经济实现形式，大力发展股份合作社，给懂技术、善经营、会管理、在农业经营中取得良好经济效益的新型职业农民赋予更大的收益权和决策权，以调动他们的参与积极性，为新型农村集体经济组织取得良好的经济效益创造条件。同时，在制度设计上要保障小规模农户的利益，避免新型农村集体经济组织对小农户排斥现象。

⑧要给予融资方面更多支持，解决新型农村集体经济组织生产经营融资困难，提高新型农村集体经济组织机械化水平，减少对劳动力的依赖。这样做可以增强对缺资金、缺劳力农民的吸引力。

⑨新型农村集体经济组织要精选项目，严格论证产品的市场潜力，确保产品能够适销对路。这样做可以增强对农产品销售困难农民的吸引力。

⑩创新新型农村集体经济组织的农民参与方式，使得有意愿参与的农民能够通过出资或出力（劳动力）的方式参与到新型农村集体经济组织中来。除此之外，在发展新型农村集体经济组织成员时，要考虑新型农村集体经济组织当地的发展阶段。特别是在新型农村集体经济组织初建之时，应优先考虑将男性农民和受教育程度低的农民作为主要的发展目标。

第八章 “三变”改革促进新型农村集体经济发展

乡村振兴以产业振兴为基础。乡村产业发展以资源整合为前提，以农民为主体。现代产业对生产要素规模的需求远远超出一般小农户的承载能力，以家庭联产承包责任制为基础的农村经营体制由于“分”得彻底、“统”得不够，造成了农村资源分散、资金分散、农民分散的局面。[①]以“资源变资产、资金变股金、农民变股东”为主要内容的“三变”改革为抓手，大力发展新型农村集体经济的“塘约”模式在贵州取得了显著成效，得到了政府和学术界的充分肯定。发展的实质是资源资本化的过程。[②]“三变”改革的实质，是以资本为纽带，在保障农民根本权益的基础上整合农村（农民）的资源、政府的支农资金，实现资源的资本化和权利重组带动农村经济发展与农民致富。[③]因此，“三变”改革在全国范围内得到了广泛推广，并成为推动新型农村集体经济发展的重要举措。

在现行的农村集体经济发展中，土地是农业生产最基本的生产资料。农民手中的资源主要是自己承包经营的土地。以承包地入股土地股份合作社是农民响应政府“三变”改革号召，发展新型农村集体经济的主要方式。“耕者有其田”是

①杨璐璐，马黎，徐文静.共益性结构洞与超越精英俘获的“三变”改革——基于宜宾市L社的案例研究[J].学术研究，2020(11)：75-81.

②杨帅，温铁军.经济波动、财税体制变迁与土地资源资本化——对中国改革开放以来“三次圈地”相关问题的实证分析[J].管理世界，2010(04)：32-41+187.

③刘守英.新一轮农村改革样本：黔省三地例证[J].改革，2017(08)：16-25.

千百年来农民的梦想，也是农民最基本的诉求。农民对任何涉及土地经营权和收益权的变动都是十分敏感的，因为它直接关系到自己的切身利益。改革开放之前，合作社二十多年的实践表明，若得不到农民的理解和支持、不尊重农民意愿，依靠行政强制手段发展农村集体经济必然遭到农民的反对和抵制，[①]最终难逃失败的命运。习近平总书记指出，发展农业规模经营要与城镇化进程和农村劳动力转移规模相适应，与农业科技进步和生产手段改进程度相适应，与农业社会化服务水平提高相适应。要加强引导，不损害农民权益，不改变土地用途，不破坏农业综合生产能力。要尊重农民意愿，坚持依法、自愿、有偿流转土地经营权，不能搞强迫命令，不能搞行政瞎指挥。要坚持规模适度，重点支持发展粮食规模化生产。要让农民成为土地适度规模经营的积极参与者和真正受益者。[②]固然，农民是新型农村集体经济组织的天然成员，但当前市场经济观念深入人心，农民拥有自主选择的权利。农民积极参与是发展新型农村集体经济的前提和关键。否则，“三变”改革可能重蹈历史覆辙，如同“大跃进”时期农民被迫强制入社而伤害农民积极性，最终导致改革失败。同时，“三变”改革也并非一“股”就灵，土地股份合作社领头人的选择恰当与否对合作社运行绩效和农民利益有重要影响。研究表明，土地股份合作社运行实践在某种程度上存在着效率损失与公平缺失。[③]当前，土地股份合作社呈现出两种发展路径：一种是由资本、种植大户等经济精英主导的以盈利为目的的合作社；另一种是响应政府号召，主要由政治精英出于完成行政任务考量而建立，并承担保底责任的合作社。由此产生的社会后果是精英谋利、村社托底、土地股份合作社背离其制度设计初衷，这不仅不利于新型经营主体的培育和发展，也排挤了小农户的利益。[④]这些都会影

①李里峰．集体化时代的农民意愿表达与党的农村政策调整[J].南京政治学院学报，2014，30(01)：91-97.

②新华网．习近平：严把改革方案质量关督察关 确保改革改有所进改有所成[EB/OL].(2014-09-29)[2023-05-30].http://www.xinhuanet.com/politics/2014-09/29/c_1112682820.htm.

③洪梅香．公平抑或效率：合作社的异化及辨析——兼论土地股份合作社的发展[J].东岳论丛，2019，40(05)：138-146.

④刘成良，孙新华．精英谋利、村社托底与地方政府行为：土地股份合作社发展的双重逻辑[J].中国农业大学学报(社会科学版)，2016，33(03)：33-41.

响农民参与土地股份合作社的意愿，进而对“三变”改革的政策效果产生不利影响。从“三变”改革的实施情况来看，重庆市“三变”改革正在经历由点到面逐步铺开的过程。党的二十大报告提出的巩固和完善农村基本经营制度，发展新型农村集体经济，有助于全方位推动农业农村高质量发展。鉴于此，本章试图从农民参与意愿的角度来研究“三变”改革的政策成效，检验“三变”改革是否能够增强农民加入合作社的意愿进而促进新型农村集体经济的发展，并在总结前期“三变”改革实践经验的基础上，探讨如何有效推进“三变”改革，以期为农村基本经营制度的进一步巩固和完善提供经验参考。

一、文献回顾

新型农村集体经济是以农民为主体，归属清晰、权责明确，相关利益方紧密联合，实行以按劳分配为主和按生产要素分配相结合的一种经济形态。①农村新型集体经济表现为土地股份合作社、股份合作社两种基本模式。②学术界对新型农村集体经济组织农民参与意愿（以下简称“农民参与意愿”）及其影响因素的研究，主要反映在对农民参与土地股份合作社的意愿及其影响因素的研究上。早期学者们关注的是农村基本情况对农民参与土地股份合作社的意愿的影响，指出农户家庭非农收入比重、村年人均纯收入、村干部受教育程度等因素对农户土地入股具有显著影响。③后来，学者们把关注的对象扩展到了农村劳动力非农化趋势、土地流转政策以及养老保险政策对农民参与土地股份合作社的意愿的影响，指出工业园区、农业园区、非农收入占家庭总收入比重较高和拥有稳定

①高鸣，魏佳朔，宋洪远．新型农村集体经济创新发展的战略构想与政策优化［J］．改革，2021(09)：121-133.

②李天姿，王宏波．农村新型集体经济：现实旨趣、核心特征与实践模式［J］．马克思主义与现实，2019(02)：166-171.

③张笑寒，蒋金泉．农户土地入股意愿的影响因素分析——以江苏省调研实证为视角［J］．现代经济探讨，2009(04)：59-63.

非农职业的农户愿意入社比例较高。[①]土地股份化进程中，政府组织行为对农户的行为选择意愿起主导作用，此外，农户的行为选择意愿还受农户教育水平和家庭非农收入等特征以及农户对土地流转政策认可程度的影响。[②]具体而言，农户越了解土地股份合作制的相关政策，越倾向于入股土地股份合作社；拥有养老保险与非农化职业倾向的农民则更容易做出积极的决策响应；农户家庭非农工作比例越大入股概率越大，农户家庭承包的土地规模越大入股概率越低；年龄较大的农民因就业途径较窄而更倾向于自营土地而非拿土地入股。[③]

此后，学术界对于农民土地股份合作社的研究渐趋沉寂。然而，近年来，以塘约道路为代表的新型农村集体经济发展新模式方兴未艾。"三变"改革推进资金变股金、聚集分散资金；推进资源变股权、激活沉睡资源；推进农民变股东，[④]为农民以自己的土地、资金、劳动力加入以合作社为代表的新型农村集体经济组织创造了条件。除贵州外，其他地方也把以"资源变资产、资金变股金、农民变股东"为主要内容的"三变"改革作为推动新型农村集体经济发展的重要抓手。"三变"改革为土地股份合作社引入了新的参与主体——政府，政府的支农资金变股金，政府必然要关心土地股份合作社的运行成效是否达到相应的政策目标。"塘约"模式得到农民拥护的重要因素是当地的基层党组织——塘约村党支部很好地代表并维护了村民的利益。[⑤]可见，"塘约"模式的成功离不开当地独特的时空条件，实际上，土地股份合作社的运营是根植于当地社会、政治、经济及生态环境中的，离开了塘约，"三变"改革是否同样有效？目前鲜有对"三变"改革政策效果进行定量分析的研究文献。重庆都市圈经济相对发达，地势相对平坦，农业发

①徐建春，李长斌，徐之寒，等.农户加入土地股份合作社意愿及满意度分析——基于杭州4区387户农户的调查[J].中国土地科学，2014，28(10)：4-11.

②林乐芬，马艳艳.土地股份化进程中农户行为选择及影响因素分析——基于1007户农户调查[J].南京农业大学学报(社会科学版)，2014，14(06)：70-79.

③林乐芬，李伟.农户对土地股份合作组织的决策响应研究——基于744户农户的问卷调查[J].农业经济问题，2015，36(08)：91-96.

④李刚，刘灵芝.交易额返利率对农民参与度的影响——以贵州省盘州市村级农民专业合作社为例[J].农业经济问题，2019(10)：111-120.

⑤李汉卿.党建引领集体经济发展与乡村振兴：塘约经验[J].毛泽东邓小平理论研究，2020(07)：31-38+107.

展条件优越，近年来广泛开展了“三变”改革实践，这为研究重庆市“三变”改革的政策成效提供了宝贵的实证材料。

本章的创新之处在于：基于重庆都市圈农户实地调查数据，以农民土地股份合作社参与意愿为研究对象，在充分借鉴现有研究成果的基础上，通过设立有序Logistic模型，并采用匹配倾向得分分析法来校正潜在的样本选择偏差。以农民个人特征、农民家庭特征、农民对当地政策环境的认知、农民对土地股份合作社经济效益的认知为控制变量，考察“三变”改革对农民参与土地股份合作社意愿的影响，并探讨如何有效推进“三变”改革，在一定程度上丰富了新型农村集体经济组织发展理论。

二、农民参与意愿、“三变”改革与新型农村集体经济发展：一个理论分析框架

（一）“三变”改革、新型农村集体经济与土地股份合作社的关系

目前农村集体经济的实现形式主要有以下三种。

1.传统的家庭承包经营模式

村集体负责发包土地，农户分散经营，旨在充分调动每个农户的积极性和主动性。在改革开放初期，这种模式发挥了重要作用，极大提高了粮食产量、提升了农业生产效率。但随着生产力的进一步发展，大量农村劳动力进城务工，导致农村土地上的劳动力资源日渐减少。这一变化使得农业生产中原本“人多地少”的矛盾得到缓解，部分地区甚至出现大量土地抛荒的现象。家庭承包经营带来的农业生产上资源、资金和农民的分散状态，已难以满足现代农业生产对规模化的要求，亟待对生产关系进行必要的调整与优化。

2.农民专业合作社模式

农民专业合作社以家庭承包经营为基础，由村集体主要负责人、农村种养大

户或贩销大户等“能人”引领建设和管理，旨在实现农业生产在产、供、销各环节的合作。其成员主要是从事同一种农产品生产、销售的农户。这种模式通过重新整合农户力量，遵循入社自愿、退社自由、民主管理及共建共享的基本原则，犹如聚沙成塔，有效应对农业生产和销售中的各种问题。农民专业合作社对于那些以农业生产为主的农户具有重要意义。它使农户能够合作经营，携手开拓市场，从而提高农业生产的专业化水平和市场竞争力。但是，对于那些大量不依靠农业为主要生计的“离农”农户或将农业生产作为辅助活动的兼业农户，很难产生吸引力。他们更倾向于不从事农业生产或“懒人农业”式的生产，并不会大量投入资金和劳动力，也不会参与合作社的经营和管理。因此，在那些“离农”现象严重或农业生产仅作为辅助活动的地区，农民专业合作社模式集体经济的发展并不顺利。

3. 以“三变”改革为抓手的股份合作社模式

以“资源变资产、资金变股金、农民变股东”为主要内容，实现资源的资本化和权利重组以带动农村经济发展与农民致富。这种模式解决了上述农民专业合作社在运营中对“离农”农户和兼业农户缺乏吸引力的问题，通过农业生产中资源和要素合作，满足现代农业生产对规模化经营的需求。即便是不愿从事农业生产的农户，也能将自己拥有的农业生产要素（包括土地、资金、技术等）以股份形式加入合作社，从而共享农村集体经济发展所带来的红利。

“三变”改革在现有农村产权界定基础上，将合作范围延伸至要素投入领域，通过整合政府、村集体、企业和农户的农业生产要素，形成了具有产权关系明晰、成员边界清晰、治理机制合理和利益分享机制公正，实行平等协商、民主管理、利益共享的经济体系，从而更加适应现代农业发展的需求，符合新型农村集体经济的基本特征。[①]“三变”改革是现阶段部分地区推动新型农村集体经济发展的主要手段，而农户以自有承包地入股土地股份合作社是他们参与新型农村集体经济发展的主要形式。因此，本章通过验证“三变”改革是否能够增强农民“入社”

① 余丽娟. 新型农村集体经济：内涵特征、实践路径、发展限度——基于天津、山东、湖北三地的实地调查[J]. 农村经济，2021(6)：17-24.

的意愿,进而探讨“三变”改革对促进新型农村集体经济发展的政策效果。

(二)“三变”改革增强农民“入社”意愿、促进新型农村集体经济发展的逻辑机理

随着农村生产力的进一步发展,农业生产的社会化程度不断提高,传统的家庭联产承包责任制因其“权责明晰”的特点所带来的积极影响已逐渐减弱。超小规模的家庭经营模式面临着交易成本高、谈判地位低、先进技术接纳能力有限以及小生产难以有效对接大市场等多重局限性,这些问题日益凸显。因此,农民客观上产生了相互联合、开展合作的迫切需求,旨在通过农业适度规模经营来改进农业生产技术,提高农业经营效益。但现有的以企业、种植大户等经济精英为主导的专业合作社,在实践过程中出现了不同程度的异化,出现了精英谋利、村社托底的现象。合作社发展背离其制度设计初衷,不仅不利于合作社发展,也排挤了小农户的利益,[①]精英俘获现象严重,导致农民在加入土地股份合作社时存在一定的思想顾虑。“三变”改革变资源为资产、变资金为股金、变农民为股东,不仅改变了传统的人民公社体制下农村集体经济“共占共有”模式中责、权、利不匹配、不明确的弊端,还在原有大户或企业主导的股份合作社基础上引入了集体和政府作为股东参与(村民委员会、村小组以集体所有的资源以及上级政府部门拨付的项目资金入股,成为土地股份合作社的股东),增强了农民与企业、大户博弈的能力和信心,在一定程度上保障了农户的权益,降低了精英俘获的风险。因此,从理论上讲,“三变”改革将政府和集体利益与农户利益捆绑,以政府和集体的信用和能力背书,增强了农户对合作社能够保障其利益的信心。这一改革举措有望增强农民入股土地股份合作社的意愿,有利于新型农村集体经济组织整合资源,从而促进新型农村集体经济健康发展。本章的理论分析框架如图8-1所示。

① 刘成良,孙新华.精英谋利、村社托底与地方政府行为:土地股份合作社发展的双重逻辑[J].中国农业大学学报(社会科学版),2016,33(03):33-41.

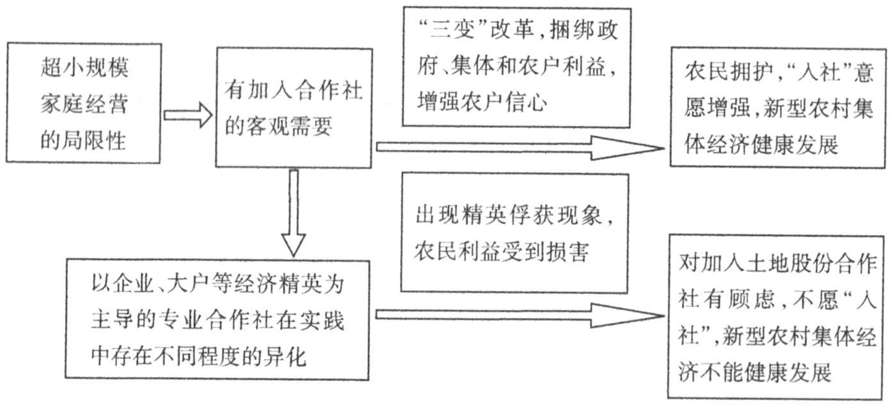

图8-1 “三变”改革增强农民“入社”意愿的逻辑机理

三、数据来源与样本基本情况

(一)数据来源

为了有效促进乡村振兴，重庆市委、市政府于2017年12月作出决策在全市38个涉农区县(含万盛经开区)中，各选定一个村作为农村“三变”改革的试点。这些试点在明晰产权规范、优选产业项目、培育经营主体、加强资本运作、注重权益保障以及防范管控风险等方面进行了全面探索与实践。本章所用数据来源于笔者2019年6月至2020年6月对重庆都市圈涉农区县农户开展的入户调查(调查过程、样本选取、问卷发放与回收情况与上一章相同)。

(二)样本基本情况

本次调查涉及重庆都市圈10个区，45个村，被调查村民基本情况，如表8-1所示。

表8-1 被调查村民基本情况

项目	类别	人数/人	占总人数的比例/%
性别	男	737	52.49
	女	667	47.51
年龄	30岁以下	476	33.90
	30～50岁	703	50.07
	51～60岁	172	12.25
	60岁以上	53	3.78
文化程度	小学以下	43	3.06
	小学	235	16.74
	初中	375	26.71
	高中(中专)	321	22.86
	大专	145	10.33
	大学本科及以上	285	20.30
家庭经营耕地面积	<5亩	943	67.17
	5～10亩	352	25.07
	>10亩	109	7.76

由表8-1可知，被调查村民文化程度绝大多数(69.37%)在高中(中专)及以下，家庭经营耕地面积绝大多数(67.17%)在5亩以下。这与当地农民受教育程度有限、农业以小规模经营为主的基本情况相吻合，也说明本次调查样本具有良好的代表性。

四、"三变"改革与"入社"意愿

(一)实证模型构建

从重庆市"三变"改革的实践来看,即使推行了"三变"改革的村庄,也没有强制农民以自己拥有或可支配的资源(主要是土地)入股土地股份合作社,而是遵循"入社自愿、退社自由"的原则吸收社员。因此,研究"三变"改革是否增强了农民加入土地股份合作社的意愿,最直接的办法就是对比进行了"三变"改革的村庄和没有进行"三变"改革的村庄的农民"入社"意愿的差异。但由于农民是否参与"三变"改革并不是随机事件,这可能会引发样本选择偏差的问题。在众多应对选择性偏差的方法中,倾向得分匹配法因不需要设定模型参数,也不需要识别因果效应,在解决内生性问题上展现出显著优势。[①]倾向得分匹配法的理论框架是"反事实推断模型",[②]基本逻辑是为处理组(经历了"三变"改革的农民集合)中的某个个体,在对照组(没有经历"三变"改革的农民集合)中寻找一个匹配个体,并保证两个样本除在"三变"改革方面不同外,其他可测变量的取值尽可能相似或一致。基于可忽略性假设,这两个个体进入处理组的概率相同,具备可比性。同样地,对处理组和对照组中的每一个个体都分别进行匹配。构造得到的没有经历"三变"改革的样本集合则为经历了"三变"改革的农民集合的对照组。两组间"入社"意愿均值的差值即为"三变"改革对农民"入社"意愿的影响的净效应,称之为平均处理效应。一般而言,倾向得分匹配法的实施过程主要包括以下三个步骤。

首先,计算倾向得分(PS)。倾向得分是指在给定一组可观测协变量的条件下,个体被分配到处理组或对照组的概率。在研究参与意愿及其影响因素时,常用的计量模型为二元选择模型。然而,鉴于我国农村集体经济已有长达几十年

①Heckman J J , Vytlacil E J .Econometric Evaluation of Social Programs, Part II: Using the Marginal Treatment Effect to Organize Alternative Econometric Estimators to Evaluate Social Programs, and to Forecast their Effects in New Environments[J].Handbook of Econometrics, 2007, 6b(07):4875-5143.

②陈强.高级计量经济学及Stata应用[M]. 北京:高等教育出版社,2010.

的实践历程，农民对农村集体经济的认识和态度比较复杂。因此，简单的两分法不足以反映农民“入社”意愿。为了更细致地描绘农民参与新型农村集体经济组织的意愿，本章采用有序Logistic模型估计每个农民“入社”意愿的条件概率$P(x_i)$。结合研究对象，有序Logistic模型定义如下。

$$y^* = \alpha + \sum_{i=1}^{n}\beta_i x_i + \varepsilon \tag{8-1}$$

式(8-1)中，y^*是不可被直接观测的潜在变量，ε为随机误差项，α为常数项，β为系数项，x_i表示对农民“入社”意愿有影响的第i个因素($i = 1, 2, \cdots, n$)。当实际观测反应变量y有m($m \in [1, 2, 3, 4, 5]$)种类别时，相应取值为$y = 1, y = 2, \cdots, y = m$，并且取值逐渐增大，于是，共有$m - 1$个未知分界点将各相邻类别分开。即如果$y^* \leqslant \mu_1$，则$y = 1$；如果$\mu_1 < y^* \leqslant \mu_2$，则$y = 2$；⋯；如果$\mu_{m-1} < y^* < \mu_m$，则$y = m$。$\mu_1, \mu_2, \cdots, \mu_m$为分界点，$\mu_1 < \mu_2 < \cdots < \mu_m$，且$\mu_1 = 0$。有序Logistic模型可以定义为：

$$\ln\left(\frac{P(y \leqslant m)}{1 - P(y \leqslant m)}\right) = \mu_m - \left(\alpha + \sum_{i=1}^{n}\beta_i x_i\right) \tag{8-2}$$

式(8-2)中，$P(y \leqslant m)$可以通过下式估计。

$$P(y \leqslant m) = \frac{e^{\left(\mu_m - \left(\alpha + \sum_{i=1}^{n}\beta_i x_i\right)\right)}}{1 + e^{\left(\mu_m - \left(\alpha + \sum_{i=1}^{n}\beta_i x_i\right)\right)}} \tag{8-3}$$

一旦估计出$P(y \leqslant m)$，则属于各个类别的概率可以表示为：

$$P(y = m) = P(y \leqslant m) - P(y \leqslant m - 1) \tag{8-4}$$

式(8-2)、式(8-3)和式(8-4)中，$P(y = m)$表示农民“入社”意愿属于第m类的概率，$P(y \leqslant m)$表示农民“入社”意愿属于第m类以及m以下类别的累积概率。在Logistic回归模型中，发生比率(odds ratio, OR值)被用来解释自变量对事件发生概率的作用。发生比率用参数估计值的指数来计算，若x_i的回归系数为β_i，则OR值为e^{β_i}。其含义指的是，在其他条件不变的情况下，因素x_i每增加1个单位，农民k从目前所选择的某种农民“入社”意愿(m_k)改变为选择农民“入社”意愿(m_k+1)的概率将变为原来取值$P(y = m)$的e^{β_i}倍。

其次，进行倾向得分匹配。由于对照组个体较多，本章借鉴苏柳方①等的研究方法，将核匹配作为基准匹配方法，并采用其他匹配方法来验证核匹配分析结果的稳健性。核匹配方法旨在为处理组中进行了“三变”改革的样本集合，匹配一组倾向得分相近且没有进行“三变”改革的农民，以此构造统计对照组。

最后，计算平均处理效应(ATT)。

$$ATT = E(Y_1|T = 1) - E(Y_0|T = 0) = E(Y_1 - Y_0|T = 1) \tag{8-5}$$

其中，Y_1为进行了“三变”改革的农民的土地股份合作社参与意愿率，Y_0为没有进行“三变”改革的农民的土地股份合作社参与意愿率。ATT为农民在是否经历了“三变”改革条件下的土地股份合作社参与意愿率的差值，即“三变”改革对农民参与土地股份合作社意愿所产生的净影响。

(二)变量选取与描述

在分析“三变”改革对农民“入社”意愿的影响时，本章以农民参与土地股份合作社意愿为被解释变量，“三变”改革情况为解释变量。控制变量为以下四组。

第一组为农民对土地股份合作社经济效益的认知变量。出于收益最大化考虑，农民在选择是否要参与土地股份合作社时，会权衡参与能否给自己带来更大的收益。②由于各地土地股份合作社发展水平参差不齐，本章以农民根据自己的认知对土地股份合作社能否增加自己的经济收入的主观预期作为农民对土地股份合作社经济效益认知的描述变量。

第二组为农民个人特征变量，包括农民的性别、年龄、文化程度、政治身份(是否为党员、是否正在担任干部)、个人经历(是否正在打工)。发展新型农村集体经济既是一个经济问题，也是一个政治问题。作为新型农村集体经济组织的

①苏柳方，仇焕广，唐建军.草场流转的转入地悲剧——来自876个草场地块的微观证据[J].中国农村经济，2021(03):68-85.

②戴琳，于丽红，兰庆高.农户参与土地股份合作社收入效应的实证检验——基于辽宁省朝阳市的调查[J].干旱区资源与环境，2020，34(06):42-47.

重要实现形式，土地股份合作社的发展得到了各级政府大力扶持，并明确要求基层干部以身作则，积极促进其发展。发展土地股份合作社在意识形态层面更加契合共产党人追求共同富裕的理想目标，农民党员可能有更强的参与意愿。正在打工的农民的主要精力放在“外面”的工作上，没有时间耕种自己的承包地，有可能更愿意把承包地“交给”土地股份合作社以获得分红，因而参与意愿更强烈。但另一方面，农民工家庭的收入来源往往更为多元化，也可能因此“看淡”来自农业的收入，从而削弱参与意愿。由于女性在体力上相对较弱，她们可能更倾向于参与土地股份合作社，以便通过集体成员间的协作来弥补自己体力上的不足。文化程度较高的农民接受新事物的意识和能力更强，土地股份合作社作为一种新事物可能更容易被他们接受。然而，这些农民也更易于掌握先进的农业生产技术和工具，同时具备较强的市场意识和经营管理能力，对其他农民的依赖性较弱。从这个角度来看，他们参与土地股份合作社的意愿可能会相对较低。年轻人更容易接受新事物，因此可能有更强的参与意愿。相比之下，年龄较大的农民由于体力上的相对较弱，加之文化程度有限等因素，可能在掌握农业生产新技术、新工具时面临更多困难。因此，他们可能更愿意参与土地股份合作社，通过集体成员间的协作来弥补自己的不足。综上所述，个人经历、文化程度、年龄以及政治身份都可能影响农民的参与意愿。

第三组为农民家庭特征变量，包括经营的耕地面积、兼业化程度以及在农业生产中遇到的困难等。小规模经营农民在市场交易中谈判能力弱、采用先进生产技术或工具成本高，可能更愿意通过参与土地股份合作社以进一步发挥农业生产的规模经济效益。兼业化程度高的农民，其家庭收入来源往往更为多元化，农业生产收入在家庭收入来源中的地位有可能边缘化，因而参与意愿可能较弱。然而，出于不愿土地闲置的考虑，这些农民也可能愿意通过参与土地股份合作社来获得土地分红收入，因而参与意愿可能较高。在农业生产中遇到困难的农民参与土地股份合作社，就可以借助集体的力量克服这些困难。本次调查表明，农民在农业生产中面临的主要困难是缺资金、缺劳力、缺技术、农产品销售困难以及经济效益差（不赚钱）。因此，本章把上述困难纳入影响农民参与土地股份合作社意愿的家庭特征变量之中。

第四组为农民对当地政策环境的认知变量，包括农民对村“两委”干部在贯彻执行党的乡村振兴战略、带领农民增收致富中是否积极作为的认知。如果村“两委”干部将积极发展土地股份合作社、促进村民增收致富为己任，就从主观上彻底消除以权谋私的可能性，党和国家的乡村振兴政策在贯彻落实过程中坚决有力、不走样，就能在一定程度上避免精英俘获现象①②。在这种情况下，农民的利益就能够得到维护和增进，参与意愿可能相对较高。

有关变量的名称、测量、赋值及影响方向预期如表8-2所示。

表8-2　变量的名称、测量、赋值及影响方向预期

变量名称	测量及赋值	影响方向预期
被解释变量		
参与意愿	（对于未“入社”的农民）如果土地股份合作社愿意接纳你，你是否愿意加入？ 非常不愿意=1；不愿意=2；不太愿意=3；说不清，得看情况=4；比较愿意=5；愿意=6；非常愿意=7 （对于已经“入社”的农民）你是否愿意推荐亲朋好友加入土地股份合作社？ 非常不愿意=1；不愿意=2；不太愿意=3；说不清，得看情况=4；比较愿意=5；愿意=6；非常愿意=7	
解释变量		
“三变”改革情况（x_1）	你们村进行了“三变改革”吗？ 进行了=1；没有进行或进行不彻底=0	+
控制变量		

①王澄宇.党建引领乡村振兴的实践探索——烟台市党支部领办合作社的调查[J].红旗文稿，2019(03)：35-36.

②尤琳，魏日盛.“村党支部+合作社”产业扶贫模式：运行成效、实践困境与政策建议[J].中国矿业大学学报（社会科学版），2020，22(01)：1-10.

续表

变量名称	测量及赋值	影响方向预期
农民对土地股份合作社经济效益的认知变量(x_2)	你觉得参加土地股份合作社能增加自己的经济收入吗？肯定不能=1；不能=2；基本上不能=3；说不清=4；基本上能=5；能=6；肯定能=7	+
农民个人特征变量		
性别(x_3)	男=1；女=0	?
年龄(x_4)	实际年龄(岁)	?
文化程度(x_5)	小学以下=1；小学=2；初中=3；高中(中专)=4；大专=5；大学本科及以上=6	?
是否正在打工(x_6)	是=1；不是=0	+
是否为党员(x_7)	是=1；不是=0	+
是否正在担任干部(x_8)	是=1；不是=0	+
农民家庭特征变量		
缺资金(x_9)	缺=1；不缺=0	+
缺技术(x_{10})	缺=1；不缺=0	+
农产品销售困难(x_{11})	困难=1；不困难=0	+
缺劳力(x_{12})	缺=1；不缺=0	+
不赚钱(x_{13})	是=1；不是=0	+
耕地面积(x_{14})	家庭承包经营土地面积(亩)	?
兼业化程度(x_{15})	非农收入占家庭收入的比重。 20%及以下=1；21%~40%=2；41%~60%=3；61%~80%=4；80%以上=5	?
农民对当地政策环境的认知变量		

续表

变量名称	测量及赋值	影响方向预期
村社干部作为情况(x_{16})	你觉得你们村"两委"干部在贯彻执行党的乡村振兴战略、带领农民增收致富中发挥重要作用了吗? 完全没有做到=1;没做到=2;基本上没有做到=3;说不清=4;基本上做到了=5;做到了=6;完全做到了=7	+

备注:影响方向预期中,"+"表示有正向影响,"-"表示有负向影响,"?"表示影响方向待定。

为了初步观察样本的特征及分布情况,将样本分为全样本、经历了"三变"改革样本和没有经历"三变"改革样本并进行了描述性统计和差异性检验(如表8-3所示)。由分析结果可知,经历了"三变"改革样本与没有经历"三变"改革样本在农民参与土地股份合作社意愿上具有显著差异。此外,大部分控制变量也表现出显著的统计差异性,比如没有经历"三变"改革样本和经历了"三变"改革样本在农民对土地股份合作社经济效益的认知、性别、是否正在担任干部、缺技术、缺劳力、农产品销售困难以及村社干部作为情况等方面具有显著差异。因此,农民参与土地股份合作社意愿的显著差异,可能并非直接源于"三变"改革,而是由其他控制变量所导致的。为了更准确地探究这一关系,需要采用倾向得分匹配法来克服因选择性偏差而产生的内生性问题。通过实证分析来验证"三变"改革对农民参与土地股份合作社意愿的影响。

表8-3 变量的描述性统计

变量名称	全样本		经历了"三变"改革样本		没有经历"三变"改革样本		差值($A-B$)
	均值	标准差	均值(A)	标准差	均值(B)	标准差	
参与意愿	4.986	1.436	5.251	1.326	4.852	1.470	0.399***
农民对土地股份合作社经济效益的认知变量(x_2)	5.131	1.335	5.332	1.118	5.03	1.420	0.302***

续表

变量名称	全样本		经历了“三变”改革样本		没有经历“三变”改革样本		差值($A-B$)
	均值	标准差	均值(A)	标准差	均值(B)	标准差	
农民个人特征变量							
性别(x_3)	0.530	0.499	0.481	0.5	0.555	0.497	-0.074^{***}
年龄(x_4)	37.541	13.241	37.372	13.595	37.626	13.084	−0.254
文化程度(x_5)	3.789	1.442	3.789	1.463	3.789	1.431	0.000
是否正在打工(x_6)	0.539	0.499	0.519	0.5	0.548	0.498	−0.029
是否为党员(x_7)	0.130	0.336	0.117	0.322	0.136	0.343	−0.019
是否正在担任干部(x_8)	0.086	0.281	0.138	0.346	0.06	0.238	0.078^{***}
农民家庭特征变量							
缺资金(x_9)	0.536	0.499	0.521	0.500	0.544	0.500	−0.023
缺技术(x_{10})	0.385	0.487	0.426	0.495	0.365	0.495	0.061^{**}
农产品销售困难(x_{11})	0.246	0.431	0.294	0.456	0.223	0.456	0.071^{***}
缺劳力(x_{12})	0.309	0.462	0.421	0.494	0.253	0.494	0.168^{***}
不赚钱(x_{13})	0.451	0.498	0.445	0.498	0.454	0.498	−0.009
耕地面积(x_{14})	5.801	11.450	5.616	11.157	5.894	11.157	−0.278
兼业化程度(x_{15})	1.668	1.058	1.648	1.030	1.707	1.112	−0.059
农民对当地政策环境的认知变量							
村社干部作为情况(x_{16})	4.739	1.627	5.487	1.333	4.363	1.630	1.124^{***}

注：(1)*、**、***分别表示在10%、5%、1%的水平上显著。(2)上述解释变量的具体含义如表8-2所示。

(三)"三变"改革对农民"入社"意愿影响的实证分析

1.农民"入社"意愿决策方程估计

在对经历了"三变"改革样本与没有经历"三变"改革样本进行倾向匹配之前,首要步骤是估计每个农民参与土地股份合作社意愿的预测概率,即倾向得分。

本章采用有序Logistic模型进行估计,结果如表8-4所示。

表8-4　农户参与土地股份合作社意愿影响因素估计结果

变量	系数	标准误
农民对土地股份合作社经济效益的认知(x_2)	0.802***	0.046
性别(x_3)	0.225**	0.105
年龄(x_4)	−0.011**	0.006
文化程度(x_5)	−0.086*	0.052
是否正在打工(x_6)	0.265**	0.111
是否为党员(x_7)	0.187	0.182
是否正在担任干部(x_8)	0.855***	0.208
缺资金(x_9)	−0.160	0.117
缺技术(x_{10})	0.439***	0.125
农产品销售困难(x_{11})	0.178	0.133
缺劳力(x_{12})	−0.297**	0.116
不赚钱(x_{13})	0.030	0.113
耕地面积(x_{14})	−0.011***	0.004
兼业化程度(x_{15})	0.172***	0.050
村社干部作为情况(x_{16})	−0.032	0.035
N	1404	
对数似然值	−1979.820	
卡方检验值	492.090	
Pseudo R^2	0.111	

注:*、**、***分别表示在10%、5%、1%的水平上显著。

由表8-4可知，农民对土地股份合作社经济效益的认知、性别、是否正在打工、是否正在担任干部等个人特征对农民参与土地股份合作社的意愿有显著的正向影响。年龄、文化程度对农民参与土地股份合作社的意愿有显著的负向影响。缺技术、兼业化程度等家庭特征对农民参与土地股份合作社的意愿有显著的正向影响，说明缺技术、兼业化程度高的农民倾向于参与土地股份合作社，以期通过集体协作来克服或改善因技术不足及兼业导致的承包地管理上的问题。缺劳力、农业经营规模（耕地面积）等家庭特征对农民参与土地股份合作社的意愿有显著的负向影响，这是因为当前土地股份合作社同样面临农业劳动力老龄化问题，不能很好地解决农民面临的缺劳力问题，同时经营规模小的农民倾向于参与土地股份合作社以获取适度规模经营的规模经济收益。

2. 共同支撑检验与平衡性检验

在获取了农民参与土地股份合作社意愿的决策方程估计结果之后，就可以通过计算获得农民参与土地股份合作社意愿的倾向得分。为了提高样本的匹配质量，需要满足共同支撑条件，以使匹配后的样本数据具有良好的可比性，从而增强倾向得分匹配估计的有效性。在1404个观测值中，对照组（Untreated）共有230个观测值不在共同取值范围内（Off support），处理组（Treated）共有17个观测值不在共同取值范围内（Off support），其余1157个观察值均在共同取值范围内（On support），如表8-5所示。

表8-5 倾向得分的共同取值范围

	不在共同取值范围内（Off support）	在共同取值范围内（On support）	合计
对照组（Untreated）	230	704	934
处理组（Treated）	17	453	470
合计	247	1157	1404

由此可见，样本在进行倾向匹配时仅有少量样本损失，匹配后的样本较好地满足了共同支撑条件。此外，匹配后的倾向得分高于匹配前（如图8-2所示），这

说明如果忽视经历了“三变”改革和未经历“三变”改革两组样本之间的差异，将导致研究结果出现偏差。

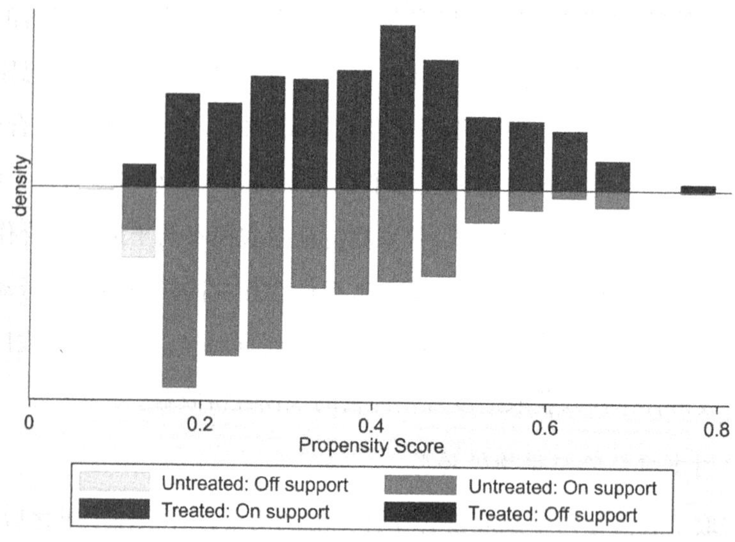

图8-2　倾向得分的共同取值范围

同时，为了保证匹配后的样本满足条件独立分布假设，还需要对样本进行平衡性检验，以验证匹配后的数据是否存在系统性差异。鉴于对照组有较多个体，本章在匹配方法上采用了核匹配的方法。相关检验结果如表8-6、表8-7所示。

表8-6　倾向得分匹配后的平衡性检验结果

变量		均值		标准偏差/%	标准偏差减小幅度/%	t检验	
		处理组	对照组			t统计量	t统计量伴随概率
x_2	匹配前	5.332	5.030	23.6	—	4.02	0.000
	匹配后	5.327	5.360	-2.5	89.4	-0.41	0.685
x_3	匹配前	0.481	0.555	-14.8	—	-2.62	0.009
	匹配后	0.484	0.477	1.4	90.7	0.21	0.835
x_4	匹配前	37.372	37.626	-1.9	—	-0.34	0.000
	匹配后	37.413	37.401	-0.1	95.2	-0.01	0.989

续表

变量		均值		标准偏差/%	标准偏差减小幅度/%	t检验	
		处理组	对照组			t统计量	t统计量伴随概率
x_5	匹配前	3.789	3.789	0.0(非常接近于0的数)	—	0.00	0.997
	匹配后	3.788	3.839	-3.6	18099.9	-0.55	0.583
x_6	匹配前	0.519	0.548	-5.8	—	-1.03	0.303
	匹配后	0.522	0.495	5.6	4.5	0.85	0.397
x_8	匹配前	0.138	0.060	26.4	—	4.98	0.000
	匹配后	0.133	0.129	1.4	94.6	0.19	0.847
x_{10}	匹配前	0.426	0.365	12.4	—	2.20	0.028
	匹配后	0.422	0.411	2.2	82.4	0.33	0.742
x_{12}	匹配前	0.421	0.253	36.2	—	6.54	0.000
	匹配后	0.418	0.419	-0.3	99.1	-0.04	0.964
x_{14}	匹配前	5.616	5.894	-2.4	—	-0.43	0.667
	匹配后	5.626	5.515	1.0	60.0	0.16	0.874
x_{15}	匹配前	1.813	1.595	20.1	—	3.65	0.000
	匹配后	1.818	1.789	2.7	86.5	0.39	0.700

表8-7 匹配前后偏差绝对值分布特征

匹配前后	Pseudo R^2	LR统计量	P>chi2	平均偏差/%	中位偏差/%
匹配前	0.069	123.08	0.000	14.4	13.6
匹配后	0.001	1.81	0.998	2.1	1.8

表8-6呈现了匹配后的平衡性检验结果。该结果表明，在进行核匹配后，除了个别变量外，绝大部分变量协变量的标准化平均值差异均小于5%，有部分协

变量的标准化平均值差异几乎为零。从 t 检验来看，P 值均大于0.05，说明实验结果支持原假设，匹配后各组协变量之间不存在显著性差异。因此，采用核匹配方法较好地平衡了样本中处理组与对照组之间的异质性。

从表8-7可知，Pseudo R^2 值显著下降，从匹配前的0.069降至匹配后的0.001；解释变量的偏差（包括平均偏差、中位偏差）在匹配前后也大幅度降低，分别由匹配前的14.4%（平均偏差）、13.6%（中位偏差）减少到匹配后的2.1%（平均偏差）、1.8%（中位偏差）；另外，LR统计量在匹配前显著而匹配之后不显著，说明无法拒绝解释变量无联合影响的假设，样本匹配通过了平衡性检验。

3.“三变”改革对农民参与土地股份合作社意愿的影响

在匹配样本满足了共同支撑和平衡性条件后，本章采用实证分析方法来考察“三变”改革对农民参与土地股份合作社意愿的影响。从表8-8可以看出，采用核匹配方法得到的平均处理效应（ATT）值为0.274，且在1%水平上显著，说明“三变”改革对农民参与土地股份合作社意愿具有显著的正向影响。

4. 稳健性检验

为了验证上述分析结果的稳健性，本章采用了最近邻匹配、半径匹配、局部线性回归匹配等方法对“三变”改革的政策效应进行检验。这三种匹配方法均已经通过了共同支撑假设和平衡性检验（限于篇幅，在此不再赘述），它们所获得的处理组平均处理效应的结果，如表8-8所示。

表8-8 核匹配估计及稳健性检验结果

匹配方法	Pseudo R^2	LR统计量	P>chi2	平均偏差/%	中位偏差/%	ATT	T值
核匹配	0.001	1.81	0.998	2.1	1.8	0.274***	3.47
最近邻匹配（k=1）	0.014	17.72	0.060	6.3	4.2	0.381***	3.25
半径匹配（控制距离=0.01）	0.016	19.45	0.035	6.8	5.4	0.205**	1.75
局部线性回归匹配	0.014	17.72	0.060	6.3	4.2	0.251**	2.14

注：*、**、***分别表示在10%、5%、1%的水平上显著。

从表8-8可以看出，处理组平均处理效应在显著性和正负号方面与核匹配分析结果一致，说明核匹配分析结果具有稳健性。

(四)“三变”改革壮大农村新型集体经济的典型案例分析

截至2022年，重庆市的“三变”改革已经持续推进了五年。实践证明，“三变”改革极大地促进了新型农村集体经济的发展，实现了农业发展和农民增收的预期目标。玉皇村便是其中的一个典型代表。[①]该村位于重庆市铜梁区近郊，距离铜梁城区3.5千米。该村辖区面积4.6平方千米，耕地面积4825亩，共有居民1116户、3368人，其中农业人口3317人，人多地少，在重庆都市圈具有广泛的代表性。该村在2018年被列为重庆市“三变”改革试点村后，成立了“铜梁区巴川街道玉皇村股份经济合作社”，将集体资产进行量化确权，并以集体资产股份的形式吸纳投资。全村集体经济组织成员自动成为合作社的成员，以陈说利害、做实做细思想工作和党员干部带头示范等方式动员村民以土地入股成为股东。村民通过土地保底分红和集体经济组织效益分红两种方式获得分红收入。同时，该村将辖区内禾盛园农业开发有限公司和重庆科赛农业有限公司的经营方式由租赁经营转变为股份合作，在业主、村集体和农民之间构建起了紧密的利益共同体，实现了三方共赢。此外，该村还借助公司的力量，建立了农副产品加工厂、农副产品交易大厅和生态停车场，并发展了休闲餐饮娱乐项目。与“三变”改革前相比，玉皇村全村经济总收入达到11040万元，增长了20%；农村常住居民人均可支配收入达到20462元，增长了18%；村级集体经济收入超过20万元，增长了900%。玉皇村已成功构建起包括农副产品加工、鲜果销售、农副产品交易中心以及休闲餐饮娱乐在内的多元化产业链。此外，据统计，重庆市“三变”改革试点村达2234个，覆盖了近四分之一的行政村，355万农民成为股东，村级集体经营性收入达到18亿元。同时，全市农村集体经济“空壳村”现象已基本得到消除。[②]

---

① 陈刚.“三变”改革改出农村新面貌[EB/OL].(2021-10-11)[2023-11-20].http://www.moa.gov.cn/xw/qg/202110/t20211011_6379136.htm.

② 莫亚，杨雪仪，谌华，等.重庆：“三变”改革成效显现“空壳村”基本清零[EB/OL].(2022-06-07)[2023-11-20].http://www.dzxw.net/cms/a/88446120/content.

五、"三变"改革影响因素

(一)实证模型构建

是否进行了"三变"改革,只有进行了和没有进行(包括进行了但不彻底)两种状态。因此,本章采用二值选择模型来估计每个农民所在的村进行"三变"改革的条件概率$P(x_i)$。结合研究对象,二值选择Logit模型定义如下。

$$P(y=1|x)=F(x,\beta)=\frac{\exp(x'\beta)}{1+\exp(x'\beta)} \qquad (8-6)$$

式(8-6)中,$P(y=1|x)$表示农民所在的村进行"三变"改革的概率,x代表进行"三变"改革的影响因素。

(二)"三变"改革影响因素的变量选择

在分析"三变"改革影响因素时,本章以"三变"改革情况为被解释变量。尽管"三变"改革是一种自上而下的由政府主导并推动的农村集体经济产权制度改革,但要顺利推进"三变"改革并取得预期的效果,除了政府的积极推动外,还需要具备一定的客观条件作为支撑。本章选择以下两个方面作为解释变量。

1.兼业化程度

"穷则思变",唯有当原有的制度安排的局限性彻底显现,人们方能深刻意识到改革的必要性和迫切性。在传统家庭联产承包经营制度下,农民群体出现了分化,相当多的农民转向非农产业或外出务工,家庭收入来源趋于多元化,导致农业逐渐副业化、边缘化,农田在不同程度上被撂荒。在这种情况下,推行"三变"改革,激励农民以土地作为股份加入土地股份合作社显得尤为必要和迫切:一方面满足愿意种地而地不够的农民耕种更多土地的愿望,另一方面满足因忙于其他事业而无暇耕种土地、愿意出让土地经营权以获得租金的农民的愿望。基于此,农民兼业化程度越高的村社,成功实施"三变"改革的可能性越大。

2.村社干部作为情况

广大村社干部是推动国家政策有效落地的中坚力量。在“三变”改革由点到面逐步推广的过程中,应当选择基层干部组织健全、执行国家政策坚决有力的村社作为试点。基于此,村社干部积极主动、坚决有力实施乡村振兴战略的村社,更有可能成功实施“三变”改革。

有关变量的名称、测量、赋值及影响方向预期如表8-9所示。

表8-9 变量的名称、测量、赋值及影响方向预期

变量名称	测量及赋值	影响方向预期
被解释变量		
“三变”改革情况	你们村进行了“三变改革”吗? 进行了=1;没有进行或进行不彻底=0	
解释变量		
兼业化程度(x_{15})	非农收入占家庭收入的比重。 20%及以下=1;21%~40%=2;41%~60%=3;61%~80%=4;80%以上=5	+
村社干部作为情况(x_{16})	你觉得你们村“两委”干部,在贯彻执行党的乡村振兴战略、带领农民增收致富中发挥重要作用了吗? 完全没有做到=1;没做到=2;基本上没有做到=3;说不清=4;基本上做到了=5;做到了=6;完全做到了=7	+

备注:影响方向预期中,“+”表示有正向影响。

(三)“三变”改革影响因素估计

本章采用二值选择模型估计“三变”改革的影响因素,估计结果如表8-10所示。

表8-10 "三变"改革影响因素的估计结果

变量	系数	标准误
兼业化程度(x_{15})	0.200***	0.055
村社干部作为情况(x_{16})	0.504***	0.043
_cons	-3.525	0.252
N	1404	—
对数似然值	-806.513	
卡方检验值	177.070	
Pseudo R^2	0.157	

由表8-10可知，农民兼业化程度、村社干部作为情况对"三变"改革产生了显著的正向影响。农民兼业化程度越高、村社干部越是积极作为的村越有可能进行"三变"改革。

六、研究结论与启示

本章基于重庆都市圈农民参与土地股份合作社意愿的微观调查数据，采用排序选择模型和倾向得分匹配模型分析了"三变"改革增强农民"入社"意愿的政策成效，然后以典型案例分析佐证了"三变"改革对新型农村集体经济的促进作用。同时，采用二值选择模型分析了"三变"改革的影响因素，得出了以下结论：一是"三变"改革增强了农民"入社"意愿，促进了新型农村集体经济的发展；二是农民兼业化程度越高、村社干部越是积极作为的村越有可能进行"三变"改革。基于以上结论和发现，本研究有以下启示。

(一)积极推进"三变"改革，助推新型农村集体经济发展

通过实施"三变"改革，引入了新型农业经营主体，盘活农村集体所有的资

源、政府投入农业和农村发展的资金以及农民手中的农业生产资料；做到产权明晰，实现产权激励，最大限度调动各方积极性；发展壮大新型农村集体经济，巩固拓展脱贫攻坚成果，全面推进乡村振兴。

（二）激励干部敢于担当、积极作为，强化基层干部履职尽责意识，提高国家政策执行力

“上面千条线，下面一根针”，国家的政策再好，要取得好的政策成效，离不开基层的贯彻落实。“党建引领”“党支部+合作社+农户”模式已经被实践证明是发展新型农村集体经济的有效模式，基层干部履职尽责意识越强，执行国家政策越坚决、到位，进行“三变”改革的条件越成熟。在基层组织干部的配备中应选拔那些具有奉献精神、敢于担当、积极作为、乐于服务的干部。同时，要落实责任主体、压实责任，并有效监督，把党和国家的农村经济政策落到实处。当然，由于“三变”改革工作千头万绪，涉及方方面面，尤其是涉及农民的切身利益，因此，在推进“三变”改革过程中，必须注意研究方式方法，切忌采取简单粗暴的手段，做好、做通农民的思想工作，争取得到农民的理解和支持。

（三）选择农民兼业化程度高的村作为“三变”改革试点

农民兼业化程度高的村，农业副业化、边缘化现象严重，土地闲置多，农业收入在农民家庭总收入中的占比相应下降。这一背景下，实施“三变”改革时，农民面临的风险相对较低，农民对“三变”改革的抵触情绪也较弱，更容易接受和响应“三变”改革，“三变”改革更容易取得成功。同时，农民兼业化程度高的村，由于更容易实现适度规模经营，能够显著地获得规模经济效益，进而对其他村产生更强的示范作用，更好地发挥以点带面的引领作用。

第九章　新型农村集体经济组织参与农户间利益博弈分析

新型农村集体经济组织的存在是农户参与新型农村集体经济组织的前提，但组建新型农村集体经济组织是有成本的。本章基于公共选择理论和博弈论理论，结合重庆市新型农村集体经济发展实际情况，分析不同专业化水平和规模的农户在是否领办新型农村集体经济组织上所展现的利益博弈行为，旨在明确新型农村集体经济组织的领办人（领办也是农户参与的方式之一），解决新型农村集体经济组织领办人缺失的问题。

一、农户领办新型农村集体经济组织的成本收益分析

发展新型农村集体经济组织，实现农业生产的组织化管理和规模化经营，能够克服农业生产中的无序状态和获得规模经济效益，但成立新型农村集体经济组织并确保其正常运行是有成本的。

假定单个农户农业生产的收益函数为$R_F = R_F(n)$，成本函数为$C_F = C_F(n)$，其中n为农户经营的土地面积（为了简化问题，暂不考虑其他投入要素）。则单个农户农业生产的利润函数为$\pi_F = \pi_F(n) = R_F(n) - C_F(n)$。

如果组建由k个农户参加的土地股份合作社(Land stock cooperative,LSC),考虑由此产生规模经济效益及相应的组织成本(Organization cost)如下。

假定土地股份合作社的规模是适度的,即存在规模报酬递增,且土地股份合作社的组织成本与其规模正相关,则土地股份合作社的利润函数为$\pi_{LSC} = aR_F(n) - bC_F(n) - C_O(k)$。

其中$a>k>b$。$aR_F(n) - bC_F(n)$是农户通过土地股份合作社开展合作所产生的收益,它来自规模报酬递增促进的技术进步(农户通过土地股份合作社可以分摊引进先进生产技术的成本,提高农产品产量和品质,从而在市场销售中获得更好的销售价格和更大的市场份额,从而取得更多销售收入)以及与交易伙伴谈判时地位上升所带来销售收入增加和采购成本降低。$C_O(k)$是农户通过土地股份合作社开展合作所产生的成本(即组织成本),它随着土地股份合作社的规模的扩大而增加,即$\frac{\partial C_O(k)}{\partial k} > 0$,暂不考虑公积金提取,每个农户获得的平均利润为,$\bar{\pi}_{FO} = \frac{\pi_{LSC}}{k} = \frac{a}{k}R_F(n) - \frac{b}{k}C_F(n) - \frac{C_O(k)}{k}$。

当农户发现加入土地股份合作社得到的利润大于不加入时的收益时,出于理性考量,农户会倾向于选择加入,即农户参与土地股份合作社的条件是$\bar{\pi}_{FO} > \pi_F, k < \frac{aR_F(n) - bC_F(n) - C_O(k)}{R_F(n) - C_F(n)}$。

可见,土地股份合作社的规模(参加农户数量k)与土地股份合作社的合作收益呈正相关,与合作成本呈负相关,与合作前单个农户的经营利润成反比。要吸引更多农户参加土地股份合作社,就必须扩大合作收益、降低合作成本,并应优先考虑吸纳那些农业经营效益较差的农户。

二、合作成本分摊:合作社成员间的利益博弈分析

(一)土地股份合作社的组织成本

倡导组建土地股份合作社并说服农户参与其中会产生相应的组建成本。在土地股份合作社成立后,协调成员之间的关系,让成员齐心协力地开展合作,并与农产品生产的产前、产中和产后相应环节实现有效协作,将先进的现代农业生产要素融入合作社的生产经营活动中是土地股份合作社取得成功的必要条件。这些管理活动会带来一定的管理成本。此外,农业生产还面临一定的自然风险和市场风险,对抗这些风险会产生相应的风险转移成本。

(二)合作社成员间的组织成本承担博弈

组织成本所对应的各项服务实质是一种俱乐部物品,一旦提供,合作社的所有成员均可以享用,不具有排他性。因此,合作社成员之间存在"搭便车"的可能。那么,谁来承担组织成本呢? 合作社成员会基于自身利益进行博弈。

如果组织成本(C_o)由合作社的发起人承担,利润(π)按各成员占有股份的比例进行分配。为了便于分析,假定有两个农户:大农户A(耕地面积为n_A)和小农户B(耕地面积为n_B)。A和B的报酬矩阵如表9-1所示。

表9-1 大农户A和小农户B的报酬矩阵

A,B		B	
		发起	参加
A	发起	$\frac{n_A}{n_A+n_B}(\pi-C_O)$, $\frac{n_B}{n_A+n_B}(\pi-C_O)$	$\frac{n_A\pi}{n_A+n_B}-C_O$, $\frac{n_B\pi}{n_A+n_B}$
	参加	$\frac{n_A\pi}{n_A+n_B}$, $\frac{n_B\pi}{n_A+n_B}-C_O$	$R_F(n_A)-C_F(n_A)$, $R_F(n_B)-C_F(n_B)$

注:当A和B都有积极性去倡导并成立合作社时,本章假定他们按占有股份的比例分摊组织成本。

当大农户A选择发起时,如果小农户B也选择发起,则其收益为$\frac{n_B}{n_A+n_B}(\pi-C_O)$;如果小农户B选择参加,则其收益为$\frac{n_B\pi}{n_A+n_B}$。所以,小农户B

会选择参加。

当大农户A选择参加时，小农户B如果选择发起，则其收益为$\frac{n_B\pi}{n_A+n_B}-C_O$；如果他选择参加，则合作社不能成立，其收益为$R_F(n_B)-C_F(n_B)$。这种情况下，如果$\frac{n_B\pi}{n_A+n_B}-C_O>R_F(n_B)-C_F(n_B)$，小农户B会选择发起。反之，则会选择参加。事实上，小农户由于经营规模小，若发起成立合作社，从合作收益中获得的利润不多，甚至无法弥补合作社的组织成本，也就是说$\frac{n_B\pi}{n_A+n_B}-C_O$极有可能小于0。因此，小农户B的理性选择是参加（不选择发起）。

综上所述，如果没有其他路径转移合作社的组织成本，只有大农户发起、小农户参加，才有可能成立合作社。但这种模式也是有条件的，即当$\frac{n_A\pi}{n_A+n_B}-C_O>R_F(n_A)-C_F(n_A)$时，即大农户从合作社分配到的合作收益足以抵消合作社的组织成本，且其余额超过自己单独经营时的收益（利润）时，大农户才有积极性去发起成立土地股份合作社。从当前农村土地承包经营和土地流转的实际情况来看，大农户的土地经营规模也是相对的，所以只有规模经济效益比较显著的地区，大农户领办、小农户参与的模式才有可能取得成功。这也解释了如果没有其他激励措施，大农户领办合作社的积极性不高的现象。

三、政府支持下的大户领办模式

由于历史原因，中国经济社会的发展具有典型的二元经济结构特性，资源流向城市和非农产业的现象十分突出。实施乡村振兴战略，推动农业农村优先发展，遏制乃至逆转城乡差距、工农差距不断扩大的趋势是国家经济社会发展的重大举措。“充分发挥市场机制在资源配置中的决定性作用，更好地发挥政府的作用”，就当前农业和农村经济社会发展而言，由于农业比较效益低下，单靠市场机制已经无法将农业和农村经济社会发展急需的、稀缺的现代先进生产要素足量引入农业和农村，加大对农业和农村的支持力度，并建立一种适度向农业和农村倾斜的资源分配机制，已成为当务之急。支持农村股份合作社的发展自然是题中之义。

（一）大农户具有企业家才能

土地股份合作社成功的关键在于，其领办人须具备卓越的企业家才能，能够找准并抓住市场机会，及时辨识并有效规避市场风险和自然风险，把农户的土地、资金、劳动力与先进实用的现代农业生产技术有机地结合起来，充分调动各种要素所有者的积极性。自家庭联产承包责任制实施以来，农民群体出现了分化：少数具有杰出企业家才能的农民，通过流转其他农户土地等方式逐渐发展成为种植大户、养殖大户，或从事农产品销售成为贩销大户；大多数农民选择外出务工成为农民工群体；另有极少数农民，因缺少资金、技术和人力资本等原因沦为贫困户。这些种植大户、养殖大户和贩销大户在市场经济大潮中，经历了激烈竞争的洗礼，从而积累了丰富的经营管理经验，是农村土生土长的企业家，是乡村振兴中不可或缺的宝贵资源。

（二）把大户培养成土地股份合作社领办人

种植大户、养殖大户和贩销大户在长期的生产经营中，充分展现了卓越的企业家才能，因此被国家寄予厚望。在现有政策体系下，他们成为国家发展家庭农场的重点支持对象和新型职业农民的重点培养对象。但这是远远不够的，因为即使他们的经营很成功，但受限于生产经营规模，所能提供的有效农产品供给远不能满足整个社会的需求。更为重要的是，即使他们经营得很成功，他们能够带动致富的也只是他们的家人或少数亲友，而乡村振兴追求的是全体农民共同富裕。因此，充分发挥这些大户的企业家才能，将他们培养成土地股份合作社领办人是实现乡村振兴和农业农村现代化的客观需要。

1. 给予适当支持，分担部分组织成本

正如前文所述，高昂的组织成本削弱了大农户领办土地股份合作社的积极性。因此，政府应给予土地股份合作社领办人一定的政治、经济待遇，从物质和精神两个方面激励那些具有杰出企业家才能的大户。政府应部分甚至全部补偿他们因牵头组建土地股份合作社而产生的组织成本，从而调动他们领办的积极性。

2. 制定倾斜政策，适度支持土地股份合作社发展

土地股份合作社取得成功的关键因素在于实现显著的规模经济效益。政府应在项目选择、资金融通、技术推广与普及，以及农产品分销等方面给予土地股份合作社必要的支持与协助，以增强大户领办土地股份合作社取得成功的信心。

3. 加强党的领导，拒绝精英俘获

土地股份合作社的组建与成功运营，关键在于平衡合作社成员的利益关系。政府既要给予合作社主要负责人一定的政治、经济待遇，以激励他们积极投身于合作社的经营管理之中，同时，也要健全监督机制，防止他们利用合作社赋予的权利和政府的支持，谋取不正当利益，从而侵害普通社员的合法正当权益。为此，需要加强党的领导，尤其是基层党组织对土地股份合作社经营管理的监督，确保土地股份合作社依据国家相关法律法规、政策以及合作社章程进行规范经营，使土地股份合作社始终保持发展新型农村集体经济、引领广大农民共同富裕的基本性质。

4. 慎选土地股份合作社领办人

为防止"精英俘获"现象，必须双管齐下，既要依赖组织的监督，也要依靠合作社主要负责人的高尚思想觉悟。鉴于信息不对称的普遍存在，仅凭组织的监督难以确保万无一失。因此，在选择土地股份合作社领办人时须严格把关，要选择既有杰出的企业家才能，懂经营、善管理，又有奉献精神，群众基础好的种植大户、养殖大户和贩销大户作为土地股份合作社的领办人，牵头组建土地股份合作社，并负责土地股份合作社的经营管理。

5.摆正关系，严守权力边界

土地股份合作社成功经营需要的是企业家，并严格遵循市场经济的运作规律。党的基层组织对土地股份合作社发挥的是监督职能，切勿越权行事，避免直接替代或过度干预土地股份合作社的日常经营管理活动。因此，党的基层组织要摆正自己与土地股份合作社的关系，严守权力边界，既要为土地股份合作社的发展创造有利条件，加强监督，有效防范“精英俘获”现象，确保土地股份合作社不变质、不变味，又要避免对土地股份合作社正常经营管理和业务活动的不当干预。

第十章　新型农村集体经济组织激励模式研究

新型农村集体经济组织以土地股份合作社为代表，通过股份合作的形式，将农村的土地、劳动力、资本、技术、管理、经营等要素有效整合，旨在实现合作共赢。“做蛋糕”与“分蛋糕”是辩证统一的关系，没有“做蛋糕”当然谈不上“分蛋糕”，但“蛋糕”分不好，则会制约“蛋糕”的进一步做大。只有建立合理的激励机制，充分调动各要素主体的积极性，才能创造更多的收益。否则，新型农村集体经济组织将重蹈“大锅饭”覆辙。本章将在社会主义市场经济体制背景下探讨新型农村集体经济组织的激励问题。

一、以按劳分配为主体多种分配方式相结合是新型农村集体经济组织的分配原则

土地股份合作社的本质属性决定了新型农村集体经济组织应将按劳分配作为合作收益分配的主导方式，以激发广大农民社员的劳动积极性，鼓励多劳多得、勤劳致富。同时，土地股份合作社还有土地、资本、技术、管理、经营等要素投入者，为了充分调动他们的积极性，新型农村集体经济组织还应引入按要素贡献分配的原则来分配合作收益。在具体分配制度上，可以把土地、劳动力、资本、技

术、管理等投入要素折算成一定的股份，根据股份比例来划分合作收益。随后，在各类要素内部再按照投入的数量与质量进行更为细致的分配。

二、妥善处理好经营者激励问题

在诸多投入要素中，土地、劳动力以及资本（以参股方式投入土地股份合作社的资金）是相对容易量化的，技术和管理的投入也可以在相关人员加入股份合作社时通过谈判来确定，比较复杂的是经营投入。这里的“经营”指的是土地股份合作社的领办人（领办人既可以是个人，也可以是群体，比如合作社理事会）对合作社日常运作的投入。领办人负责合作社的经营管理，需要对合作社的经营业绩承担相应的风险。尽管从股份制的制度设计来看，土地股份合作社的所有参与者理论上应利益共享、风险共担，但在当前土地股份合作社的实际运营中，领办人实际上扮演了类似企业家的角色。

（一）领办人是稀缺资源

能人带动是农村集体经济发展的必要条件，也是新型农村集体经济有效实现的重要保障。[①]作为领办人的“能人”，必须具备敏锐的市场机会识别能力和卓越的资源整合能力，并且敢于、善于承担风险。唯有如此，他们才能为合作社寻找到既拥有广阔市场前景又切实可行的经营项目，才能为项目的正常运作争取到必要的资源，确保合作社实现良好的经济效益。然而，这样的能人并不多见，是整个社会的稀缺资源。

（二）领办合作社的利弊分析

从能人领办合作社的角度来看，领办合作社是利弊共存的。

①张义博.农村集体经济发展中能人作用机制研究——基于甘川三个村的田野调查[J].贵州社会科学，2021(09):155-161.

1.领办合作社可以获得多方面的利益

(1)可以获得更多的社会资本

随着市场竞争的加剧,中小微企业以及农村的种养大户面临的资源压力越来越大。通过领办合作社,领办人就可以把自己的企业以参股的形式融入合作社,成为合作社的重要组成部分,得到国家政策的支持。这样一来,有能力的领办人便能以合作社负责人的身份甚至村干部的身份,更有效地争取国家专项资金和项目的支持。他们能够通过制度化的途径接触体制内的资源,更方便快捷地掌握政策信息,并有机会以干部身份进入政治资源网络,构建起超越常规社会关系的资源网络,从而积累更丰富的社会资本。

(2)可以公私兼顾,实现利益最大化

领办合作社后,由于自己的企业融入了合作社,自己在合作社中占有大量股份,因此能够获得国家项目和资金的支持。在推动合作社发展、引领村民发家致富的同时,个人利益也得到了实现,甚至相较于自己独自经营时,获得了更为丰厚的回报。

(3)得到声望、荣誉、权力、地位等非经济利益

领办合作社,成为合作社负责人,能够获得运用自己的才干和资源造福桑梓的机会,取得合作社资源的合法支配权;带领乡亲共同富裕,能够得到村民的拥护和赞扬,实现个人的人生价值,甚至得到政府的肯定和褒奖,满足个人对声望、荣誉、权力和地位等非物质追求。

2.领办合作社面临的风险和付出

(1)需要大量创业成本

大多数人倾向于风险规避,领办合作社必须进行大量的前期投入,比如投入资金进行基础设施建设、实施项目的试运行,以及为合作社的组建支付一定的组织成本。这些投入在合作社正式投入运营之前是无法产生效益的。

(2)个人自由受到约束、压力更大

领办合作社,成为合作社负责人,就必须按照合作社章程办事,接受国家相关法律法规和规章制度的制约,不能像以前那样随心所欲。同时,肩负的责任更

大,以前干得好与不好只涉及自己。成为合作社的负责人后,肩负着社员和其他合作伙伴发家致富的希望。如果干得不好,大家都要遭受损失,因此,面临的压力更大。

(3)传统的平均主义观念阻碍了领办人获取超额回报的机会

在传统的观念中,合作社是集体的,集体的就是大家的,大家的就是人人有份的。这种"人人有份"的观念进而导致"不患寡而患不均"的思想深入人心,成为一种社会潜规则。领办人无法通过获取高于普通成员的收入来弥补自己前期的投入和额外付出,因为一旦这样做,便可能激起众人的不满。

(三)在多元目标下实现对经营者的激励相容

在市场经济中,每个理性的经济人都有自利的一面,其个人行为会按自利的行为规则行动。需要一种制度安排,使行为人追求个人利益的行为,正好与企业实现集体利益最大化的目标相吻合。这种制度安排,就是"激励相容"。合作社的领办者既有付出也期待相应的回报。为了充分调动领办人全身心地投入合作社运营的积极性,实现激励相容是至关重要的。

1. 正视并满足领办人合理的利益诉求

在市场经济条件下,每个人都有追求个人利益的内在需求。用单纯强调无私奉献的传统道德观来要求合作社的领办人已经不现实,至少不适用于大多数合作社领办人。作为理性的经济人,领办人追求自身利益是必然之举,因此,必须正视并合理对待领办人的正当利益诉求,通过建立健全的制度框架,确保这些诉求能够得到合理合法的满足,使领办人认识到领办并经营好合作社能够更好地实现自己的利益,从而激发种养大户等能人领办合作社的积极性。在具体操作中,可以通过股权激励(设立经营绩效股等)实现领办人与合作社经营绩效的深度捆绑,避免委托代理问题。

2. 重视精神激励

对于那些已经实现了财务自由的能人来说,金钱已经不能对他们起到激励作用,因此,必须转而采用非物质激励方法。比如给予其特定政治地位(推荐为

政协委员)、提升社会声望(获得村民的肯定、拥戴)、授予荣誉称号(劳动模范、三八红旗手标兵、优秀共产党员、农村优秀人才)以及给予提拔重用的机会等。

3. 强化监督机制,杜绝精英俘获

制度经济学认为,好的制度可以让坏人变成好人,不好的制度可以让好人变成坏人。因为好的制度可以让坏人无法任意横行,不好的制度可以使好人无法充分做好事,甚至会走向道德与法律的对立面。人的思想道德境界有高有低,境界高的人可以无私奉献,境界较低的人可能经不起利益的诱惑,进而做出违反道德和法律的行为,为自己谋取不正当的利益。合作社的领办人掌握着合作社资源的支配权。如果存在有效的制度约束,他就能用好自己的权力,经营好合作社,推动合作社事业健康发展,为合作社全体成员谋利益;如果缺乏有效的制度约束,就为他利用手中的权力谋取个人利益提供了可乘之机,他就可能以发展合作社之名行谋个人私利之实,尤其是利用国家对合作社提供的资金和项目支持发展壮大个人的企业,从而损害合作社其他成员的利益,使合作社沦为领办人谋取个人私利的工具。这就是合作社发展中的"精英俘获"现象。为此,需要设计完善的制度框架,把权力牢牢束缚在制度的框架内。

(1)依法健全合作社内部管理制度

《中华人民共和国农民专业合作社法》等相关法律法规明确规定了合作社成员的权利和义务,规定了合作社成员大会、成员代表大会、理事会、监事会的权利和职责。为了确保合作社的规范运作,必须依法建立健全合作社的内部管理制度。这一制度应充分保障合作社成员依法行使民主管理的权利,并着力强化合作社成员大会、成员代表大会、监事会对理事会,特别是理事长的监督与制衡作用,从而有效防止合作社领办人滥用职权谋取不当利益。

(2)强化外部监督

县级以上人民政府的农业主管部门、其他有关部门和组织应当依据各自职责,对农民专业合作社的建设和发展履行指导、扶持和服务的义务。工商行政管理部门必须依照法律规定,向公众公示合作社的年度报告,让合作社接受社会各界的监督。为了避免现代公司治理中常出现的内部人控制问题，除了由监事会或执行监事对合作社的财务进行内部审计并依规向成员大会报告外，还应通过成员大会委托的社会中介机构对合作社的财务进行审计。鉴于当前农民专业合作社正逐步向土地股份合作社转型，各地方政府应适时出台相关管理条例，堵住合作社管理上的漏洞，消除《中华人民共和国农民专业合作社法》监管上的盲区，让个别试图利用制度漏洞谋取私利的领办人无机可乘、无空可钻。

(3)加强党的基层组织建设，发挥党支部战斗堡垒作用

每个共产党员既是普通群众中的一员，又是群众中的先进分子，在合作社的运行过程中要密切联系群众(这里的群众是指加入合作社的成员)，了解群众的呼声，代表群众的利益，通过党小组会议、支部大会及时向党的基层组织反映合作社运行过程中出现的问题，特别是损害群众利益的问题。党的基层组织要通过民主生活会、民主评议会以及支部大会等多种途径，及时纠正合作社领办人的不当或违法行为。在必要时，应及时向上级党组织汇报，通过党的纪律、监察机制来约束合作社领办人，争取及时制止合作社领办人的不当或违法行为。

三、充分发挥股份合作制度优势，兼顾效率与公平

土地股份合作社是劳动合作和资本合作的有机结合，实行按劳分配与按股分红相结合的分配方式。充分发挥这种分配方式的制度优势，可以实现效率与公平兼顾，真正做到激励相容。

(一)设立公平股，保证合作社成员间的基本公平

在合作社股份中设立一定比例的公平股，全体成员公平持有相应的股份，让合作社的发展成果惠及每一个成员，以保证每一个成员的利益得到基本保障。

(二)设立效益股,用于奖勤罚懒

在合作社股份中设立一定比例的效益股,用效益股所产生的红利实施按劳分配,激励合作社成员为合作社事业发展提供足量优质的劳动(包括一般管理人员的管理工作),从而激发大家竞相为合作社的繁荣做出更大贡献的热情。

(三)设立资金股、技术股,吸引社会资金、技术人才

在合作社股份中设立一定比例的资金股、技术股,用相应红利吸引合作社事业发展急需的社会资金和技术人才加盟合作社,满足合作社事业发展对资金和技术等要素的需求。

(四)设立经营绩效股,吸引优秀企业家

在合作社股份中设立一定比例的经营绩效股,用相应红利吸引优秀企业家加盟合作社,激励合作社经营者(领办人),全力经营好合作社,推动合作社事业发展。

(五)股份比例的确定与调整

合作社理事会应根据合作社事业发展过程中对各类要素需求的紧迫性,合理设定上述各类股份的比例,旨在确保基本公平的前提下,充分调动各类要素所有者的积极性。理事会确定好比例后交由合作社成员大会或成员代表大会进行讨论,通过后正式纳入合作社章程。此外,随着合作社事业的发展需求变化,这些股份的比例还应进行适时的动态调整。

第十一章　重庆市财政支农模式研究

乡村振兴战略的关键在于要抓住“人、地、钱”三大关键要素，[①]“人、地、钱”是乡村振兴的主线[②]。农业具有明显的外部经济性，政府应重视农业投入，[③]财政投入是农业发展的基础[④]。政府投资于农业基础设施建设和农业科学研究能够降低农业生产成本，提高农业生产力[⑤]。要实现乡村振兴就必须加大对农业的财政投入，用好财政支农的每一分钱，充分发挥财政支农对乡村振兴的促进作用。本章将重点探讨重庆市财政支农模式。

一、重庆市财政支农基本情况

2013—2021年，重庆市地方财政在农林水事务方面的支出由2013年的281.94亿元增长至2021年的406.26亿元，年均增长4.67%。然而，这部分支出在

---

①刘合光．乡村振兴战略的关键点、发展路径与风险规避[J].新疆师范大学学报(哲学社会科学版)，2018，39(03)：25-33.

②罗必良．明确发展思路，实施乡村振兴战略[J].南方经济，2017(10)：8-11.

③亚当·斯密．国民财富的性质和原因的研究[M].郭大力，王亚南，译．北京：商务印书馆，1972.

④西奥多·W.舒尔茨．改造传统农业[M].梁小民，译．北京：商务印书馆，1987.

⑤Fan Hu；John M. Antle.Agricultural Policy and Productivity：International Evidence[J].Applied Economic Perspectives and Policy，1993，Vol.15(3)：495-505.

地方财政一般预算支出中的占比由2013年的9.21%降低至2021年的8.40%，如表11-1所示。

表11-1　2013-2021年重庆市地方财政一般预算支出、农林水事务支出及占比

年份	地方财政一般预算支出/亿元	地方财政农林水事务支出/亿元	地方财政农林水事务支出在地方财政一般预算支出中的占比/%
2013	3062.28	281.94	9.21
2014	3304.39	291.62	8.83
2015	3792.00	331.33	8.74
2016	4001.81	347.99	8.70
2017	4336.28	347.57	8.02
2018	4540.95	366.77	8.08
2019	4847.68	389.53	8.04
2020	4893.95	416.76	8.52
2021	4835.06	406.26	8.40

注：数据来源于国家统计局网站。

财政分项支出占比及其变化反映了政府对相应领域的重视程度。从绝对量上来看，重庆市财政支农支出在个别年份有减少的现象，财政支农支出在地方财政一般预算支出中的占比经历了先降后升的过程，但总体上呈现下降趋势，这不利于农业农村的发展和乡村振兴的顺利推进。

二、重庆市财政支农资金投入使用方式指导思想

2019年4月，重庆市人民政府办公厅印发了《重庆市改进市级财政支农资金投入使用方式实施方案》，该方案明确了市级财政支农资金投入使用的指导思想，具体内容如下。

(一)建立健全实施乡村振兴战略财政投入保障机制

优先保障“三农”资金投入,坚持把农业农村作为财政优先保障和金融优先服务领域,推动资源要素向农村流动。

①确保市级财政投入稳定增长。建立市级财政投入稳定增长机制,公共财政更大力度向“三农”倾斜,确保财政投入与乡村振兴目标任务相适应。

②逐步扩大土地出让收入用于农业农村比例。根据中央要求,调整完善土地出让收入使用范围,提高用于农业农村比例,逐步解决土地增值收益长期存在的“取之于农、用之于城”的问题。

③用好乡村振兴发展基金。从2019年起,农业产业发展资金不再注入产业引导股权投资基金,将产业引导股权投资基金农业专项基金更名为乡村振兴发展基金,用于乡村振兴战略,重点用于农业产业发展。

(二)实行市级统筹与区县切块相结合,突出市级财政支农资金投入重点

紧扣市委、市政府推动乡村产业振兴“两项工程”(优势特色产业提升工程、品种品质品牌建设工程)、“三大体系”(乡村产业发展要素保障体系、农业专业化市场化服务体系和乡村基础设施网络支撑体系)精准发力,合理划分市和区县(自治县,以下简称区县)事权,在保证贫困区县市级财政支农资金每年有所增长的前提下,市级农业产业发展资金按5:5的比例由市级统筹使用和切块安排到区县。

(1)市级统筹资金集中扶持重点区域、重点产业、重点园区、重点项目、重点企业、重点品牌发展

市级统筹资金使用管理按照《重庆市农业产业发展资金管理实施细则》(渝财农〔2018〕145号)有关规定执行。市农业农村委等部门要做好市级农业项目库建设,由市委实施乡村振兴战略工作领导小组办公室会同市财政局组织编制资金使用方案,细化任务清单、绩效目标,督导执行进度,开展监督检查、验收总结、绩效评价等工作。市级统筹资金使用重点为:

①支持农业产业化重点项目。培育10个一二三产业综合产值上千亿元的产业集群，壮大100个农业产业化龙头企业，开发100条乡村旅游精品线路，打造1000个“一村一品”示范村镇，助推农业企业挂牌上市。

②支持创建现代农业产业园。突出产业兴旺和联农增收机制创新两大任务，重点创建20个现代农业产业园，着力改善产业园基础设施条件和提升公共服务能力。

③支持乡村振兴市级试验示范。围绕“产业兴旺、生态宜居、乡风文明、治理有效、生活富裕”总要求，推动6个区县开展综合性试验示范。紧扣“产业振兴、人才振兴、文化振兴、生态振兴、组织振兴”，推动5个区县开展单项试点。

④支持农业品种品质品牌建设工程。建立农业科技研发资金，鼓励引导各类农业科研平台和产业技术创新团队与农业龙头企业合作，开发培育地方优势特色农产品品种。推行标准化生产，加强农产品品质全程监管，强化动植物疫病防控，推动开展“三品一标”认证。打造“巴味渝珍”市级农产品区域公用品牌。

⑤支持“智慧农业·数字乡村”发展。重点加强农业物联网技术试验示范，大力推行农业智能化生产。加快发展农产品电商，推动10个10亿元级农产品上京东销售。建立健全农业农村大数据信息系统。

⑥支持开展宜机化地块整治和推进农业机械化。按农业产业布局要求，对农村土地实行整村整乡综合整治，加强耕地宜机化配套建设，提升农业生产能力。强化节本增效，推进“机器换人”，提高耕种收烘等社会化服务水平，深化农机农艺融合，着力提升农业生产机械化水平。

⑦支持政策性农业保险。紧扣农业产业结构调整，突出“扩面、增品、提标”，将农业优势特色新品种纳入政策性保险范围，扩大经济作物保险覆盖面，探索农产品价格保险试点，适度提高农业保险保障水平。

⑧支持村级集体经济发展。强化资金和政策扶持，做实村级集体经济组织，加大人才培养力度，探索多种发展模式，创新经营方式，完善管理制度，加快解决集体经济“空壳村”问题。

(2)切块安排到各区县的市级农业产业发展资金(含产业扶贫资金),重点用于区域性特色产业发展

坚持“大专项+任务清单+绩效清单”方式,财政部门、行业管理部门同步下达资金和任务清单。继续支持扶贫开发工作重点县开展涉农资金整合试点。继续实行“项目资金切块到区县、目标任务明确到区县、审批权限下放到区县、监管责任落实到区县、绩效管理赋予到区县,将资金切块安排与绩效评价挂钩、与监管责任挂钩、与重点产业发展挂钩”的方式,强化切块资金使用管理。

(三)创新市级财政支农资金使用方式

围绕乡村振兴战略创新投融资机制,积极探索有效路径,破解制度和政策瓶颈,加快完善农村金融资源回流机制,拓宽乡村振兴融资来源。建立与农民的利益共享机制,增强改革获得感。

①撬动金融和社会资本投入乡村振兴。加强政府、农业经营主体、涉农金融机构、农业担保机构四方合作,充分发挥财政资金的引导作用,减少直接补贴,更多以贴息、担保、保险等间接方式,建立风险共担、利益共享机制,撬动更多资本投入农业农村发展。

②继续推进农业项目财政补助资金股权化改革。深化涉农项目财政补助资金股权化改革,完善利益联结机制,让村集体经济组织、农民专业合作社和广大农户更多分享产业链增值收益。

(四)加强市级财政支农资金绩效管理

加快建成全方位、全过程、全覆盖的市级财政支农资金预算绩效管理体系,明确责任约束,强化激励考核,切实做到花钱必问效、无效必问责。

①建立健全竞争立项机制。完善支农项目资金分配公开竞争立项机制,突出优势特色产业,突出集中连片规模经营,突出农民参与和区县重视程度,按竞争立项规则,公开竞争评审确定项目实施主体。

②建立健全绩效考核机制。明确绩效考核指标,将绩效评价贯穿财政资金

管理全过程,其结果与资金分配挂钩。完善先建后补、以奖代补机制,充分体现“结果导向、事后奖补”的激励政策。

③建立健全激励约束机制。建立“能进能退、动态管理”机制,严格落实《重庆市人民政府关于改革和完善市对区县转移支付制度的意见》(渝府发〔2016〕10号),对区县结转2年以上(含2年)的市级以上农业资金,分使用类别由市财政或区县财政收回,用于农业重点项目建设。

三、重庆市财政支农存在的问题

(一)政策落实到位不够

尽管《重庆市改进市级财政支农资金投入使用方式实施方案》文件提出要建立健全实施乡村振兴战略财政投入保障机制,公共财政更大力度向“三农”倾斜,但事实上,2021年重庆市地方财政农林水事务支出比2020年下降了10亿元左右,不符合国家对“三农”投入“总量持续增加、比例稳步提高”的要求,撬动金融资本投入农业和乡村振兴效果不彰。

(二)资金投入缺乏长远谋划考虑

片面重视“短”“平”“快”项目,如农业产业化重点项目、现代农业产业园建设、乡村振兴试验示范点打造、农业品种品质品牌建设工程等能够在短期内见到显著效益的项目,但对改善农业生产基本条件的项目,如农村基础设施建设、保障国家粮食和重要农产品供给安全、大型水利设施兴建、生态环境保护与整治等事关农业生产和乡村振兴长远发展的项目重视不够。尤其值得注意的是,重庆市地形以丘陵、山地为主,急需财政支农资金给予支持,以改善交通等基础设施条件。同时,对于渠道、堰塘、水库等有助于提高农业抗灾减灾能力的农田水利基本建设着力不够、支持不多。

（三）对新型农村集体经济组织支持力度不够

虽然《重庆市改进市级财政支农资金投入使用方式实施方案》文件提出要支持村级集体经济发展，但支持力度不够。尽管重庆市农村农业委员会要求为每个集体经济“空壳村”拨付不少于10万元的发展启动资金，但笔者走访调查的结果表明，很多地方是按文件要求的下限执行的。2016—2018年投入财政资金10.44亿元（市级以上7.17亿元、区县级3.27亿元）支持2924个村发展集体经济，村均支持经费35.58万元；2019年、2020年和2021年这三年重庆市农业农村委积极配合市委组织部推进中央财政资金扶持壮大集体经济项目实施，累计实施项目1365个，共计6.83亿元，平均每个项目约50万元。农业投资具有投资规模大、周期长、见效慢的特点，几十万的资金不能满足新型农村集体经济发展对资金的需求，新型农村集体经济“启而不动”。由此看来，虽然《重庆市改进市级财政支农资金投入使用方式实施方案》文件强调要突出重点，但在政策实际执行过程中，“撒胡椒面”的现象仍然十分突出。更重要的是，在推进中央财政资金扶持壮大集体经济项目实施的过程中，没有相应的地方财政资金配套支持。由此可见，重庆市地方财政对新型农村集体经济组织的支持力度较弱。

四、改革重庆市财政支农模式，提升财政支农效果

（一）落实建立健全实施乡村振兴战略财政投入保障机制政策

要高度重视乡村振兴在国家经济社会发展中的战略地位，充分认识财政支农在乡村振兴中的重要作用。市级财政需进一步增加对农业发展和乡村振兴事业的资金投入，真正做到把农业农村领域作为财政支出的优先保障对象，严格执行“两优先一高于”的财政投入原则，即优先保障农业农村投入，并确保其增长幅度高于经常性收入增长幅度。通过持续加大财政对“三农”的倾斜力度和支持强度，确保财政投向农业农村的总量持续增加、比例有所提高，确保财政投入与乡村振兴的战略目标和任务相匹配。

(二)创新财政支农投融资机制,放大财政支农效果

要充分发挥财政资金的引导作用及“四两拨千斤”的杠杆效应,综合运用税收优惠、金融支持、社会参与、农村集体经济组织和农民自筹资金及劳动力等多方面资源,形成组合优势。通过担保、贷款贴息、以奖代补、风险补偿、设立专项基金等方式,撬动金融资本和社会资本投向乡村振兴。同时,动员社会各界力量支持农业农村发展,从而构建起多元化、多渠道的乡村振兴资金投入体系。

(三)精选项目,重点支持

项目的成功与否直接关系到财政支农资金使用的实际成效。各地乡村振兴积极性都很高,对财政支农资金需求很迫切,但财政支农资金总量有限,必须精选财政支持的农业项目。将有限的资金集中投入那些市场前景广阔、得到当地资源支持、对当地农业生产具有强大带动作用,并且与当地农民利益紧密相连的项目中,以确保项目成功实施,进而带动当地农业发展、农民致富,实现乡村振兴的战略目标,真正发挥出示范引领作用。

(四)改无偿投入为有偿使用,实现支农资金良性循环

当前,重庆市正在实施一项农业项目财政补助资金的股权化改革。具体做法是,将财政支农资金(即乡村振兴发展基金)以无偿方式投入农业产业发展项目中,由此形成的股权归当地村级集体经济组织所有,并作为优先股享受股权红利的分配。同时,对于农民专业合作社的补助资金,按照相关规定,将其所形成的财产平均分配给合作社的每一位成员。这一改革举措固然有助于迅速增加村级集体经济组织的资产,并缓解相关经营主体的资金压力,但由于这些财政支农资金属于无偿使用,既不计入成本,也无须支付利息或偿还本金,这可能导致项目承担主体不够珍视这部分国家拨付的资金。为了提升财政支农资金的使用效益,应将无偿投入转变为有限度的有偿使用模式。具体而言,财政支农资金应通过入股形式参与到项目承担主体的经营活动中,项目承担主体则承担起确保这些资金保值增值的责任,需定期向财政支农资金的拨付部门报告资金的使用状

况，并接受该部门的监督。当相关项目顺利投产并进入正常运营阶段后，财政支农资金应通过项目承担主体赎回相应股份的方式退出。退出后的资金应被重新调配，用于支持下一个符合条件的农业项目。

（五）放眼长远，加大对农业生产条件改善项目的支持力度

乡村振兴，贵在持之以恒，方能行稳致远。财政支农应着眼于为农业农村发展提供公共产品与优质服务，为新型农业经营主体深耕农村、发展农业创造良好的条件。遵循市场经济原则，政府投资应当避免与民争利，主动让利于民。对于利润可观、民间资本愿意且能够涉足的领域，应优先给新型农业经营主体提供参与机会。重庆市应该把那些对农业农村发展至关重要，但民间资本不愿或无力涉足的领域，比如农村基础设施建设（特别是渠、塘、堰、库等农田水利设施）、保障国家粮食和重要农产品供给安全、大型水利设施兴建、生态环境保护与整治等事关农业生产和乡村振兴长远发展的项目作为财政支农的重点。

（六）强化对新型农村集体经济组织的支持

近年来，重庆市新型农村集体经济取得了一定的发展。2018年，全市仅56%的村有经营性收入，90%的村年经营性收入不足5万元。2021年，全市村级集体经济组织实现了18亿元的经营性总收入，村均19.6万元，其中50.5%的村经营性收入超过5万元，29.8%的村经营性收入超过10万元。即便如此，还有将近一半的村经营性收入不足5万元，超过70%的村经营性收入不足10万元，按2021年农民工月平均工资4432元计算，重庆市的村均经营性收入仅相当于不足4个农民工一年的务工总收入，这距离通过发展新型农村集体经济来增强对农民的吸引力、向心力、凝聚力的目标，还有很长的路要走。因此，必须增强财政对新型农村集体经济组织的支持力度，选好项目、搭好班子、配足资金，通过重点扶持和树立典型示范，让广大农民看到共同富裕的曙光。进而，借助先富群体的引领作用，带动更多人走向富裕，最终实现共同富裕的目标。

第十二章　新型农村集体经济:革命老区乡村振兴的实践逻辑与实现路径

——基于城口县岚天乡的案例分析

2013年11月3日,习近平总书记到湖南省花垣县十八洞村考察扶贫工作,首次提出“精准扶贫”的重要思想。2015年11月23日,中共中央政治局审议通过《关于打赢脱贫攻坚战的决定》。2016年12月26日,中共中央、国务院印发的《关于稳步推进农村集体产权制度改革的意见》明确提出“发展新型集体经济”。2017年10月18日,习近平同志在党的十九大报告中提出乡村振兴战略。从精准扶贫到脱贫攻坚再到乡村振兴,是中国农村经济社会发展的指导思想。其中,发展新型农村集体经济是脱贫攻坚乃至实现乡村振兴的重要抓手。产业振兴固然是乡村振兴的前提和基础,但产业振兴不能简单地等同于乡村振兴,乡村振兴是包括产业振兴、人才振兴、文化振兴、生态振兴、组织振兴在内的“五位一体”的全面振兴。乡村振兴的目的是促进农业发展,实现农民富裕,并推动农业农村现代化进程。靠山吃山、靠水吃水,各地资源禀赋不同,推进乡村振兴的模式与路径也有所不同。

一、文献回顾与研究方法

《中华人民共和国乡村振兴促进法》第二条规定，全面实施乡村振兴战略，开展促进乡村产业振兴、人才振兴、文化振兴、生态振兴、组织振兴。学术界对乡村振兴的研究，尤其是对欠发达地区乡村振兴的研究，主要是围绕以下五个方面展开的。

(一)乡村产业振兴研究

朱罗敬、桂胜基于中部A省Y县J村和H村的经验调查，提出欠发达地区农村经济发展路径选择的三重逻辑：欠发达地区乡村产业振兴缺乏与之相匹配并能够可持续发展的乡村治理队伍；“三权”分置改革下的农村集体经济政策保障度有余，融资渠道落后，市场竞争力不足；以代际分工为基础的“半耕半工”生计模式弱化了乡村产业发展的内生性动力。[①]可以实现“转劣为优，变废为宝”的生态产品价值实现机制可成为自然资源富集但经济欠发达的地区破除发展桎梏、实现共同富裕目标的主抓手。[②]吴彬等指出，实现欠发达地区乡村产业振兴的核心逻辑，在于构建跨边界发展网络，即通过主体融合、内外融合以及线上线下融合的方式，走以组织化为支撑、以市场化为核心、以数字化为杠杆的乡村产业振兴之路。[③]有为政府与有效市场的紧密协同，是促进欠发达地区农产品流通市场体系建设及高质量发展的关键。然而，在相同的制度环境且基层政府强力介入下，只有少数乡村产业能够成功与市场高效对接，而多数乡村产业仍处于与市场脱节的状态。朱天义、黄慧晶[④]基于“情境—策略”的分析框架，考察了乡村振兴中基层有为政府与有效市场的衔接机制。

①朱罗敬，桂胜.欠发达地区农村经济发展路径选择的三重逻辑——基于中部A省Y县J村和H村的经验调查[J].湖北社会科学，2019(01)：46-55.

②郭韦杉，李国平.欠发达地区实现共同富裕的主抓手：生态产品价值实现机制[J].上海经济研究，2022(02)：76-84.

③吴彬，徐旭初，徐菁.跨边界发展网络：欠发达地区乡村产业振兴的实现逻辑——基于甘肃省临洮县的案例分析[J].农业经济问题，2022(12)：59-72.

④朱天义，黄慧晶.乡村振兴中基层有为政府与有效市场的衔接机制——基于“情境—策略”的分析框架[J].江西师范大学学报(哲学社会科学版)，2022，55(01)：110-122.

(二)乡村人才振兴研究

人才振兴作为乡村振兴的关键组成部分,在其中发挥着关键性作用。从目前乡村振兴的现实逻辑来看,乡村振兴中的人才问题已经成为阻碍乡村振兴的一大关键性问题。[①]张勇[②]等基于广东省W村的调查,剖析了城市入乡人才推进空心村振兴的生成逻辑、实现路径及其运行机制。

(三)乡村文化振兴研究

乡村振兴,文化先行。文化振兴能够为乡村全面振兴提供哺育和支撑,是乡村振兴的力量之"根"、发展之"魂"。[③]振兴乡村文化对于消解农民精神贫困和助推乡村全面发展,都具有重要的意义和价值。推动乡村文化振兴,不仅要体现农民主体地位,更要发挥农民主体作用。[④]

(四)乡村生态振兴研究

绿色发展是实现"农业强、农村美、农民富"的乡村振兴战略目标的必然选择、必然要求和必由之路。实现绿色发展引领乡村振兴,要用系统思维进行统筹谋划,从宏观的政策法律机制、中观的配套支持服务和微观的实践工作落地等三个层面进行着力,切实推动乡村绿色发展从理念转化为法律意志、政策机制和具体行动。[⑤]

---

①李博.乡村振兴中的人才振兴及其推进路径——基于不同人才与乡村振兴之间的内在逻辑[J].云南社会科学,2020(04):137-143.

②张勇,路娟,林千惠.城市入乡人才推进空心村振兴:生成逻辑、实现路径及其运行机制——基于广东省W村的案例分析[J].世界农业,2020(10):114-122.

③宋小霞,王婷婷.文化振兴是乡村振兴的"根"与"魂"——乡村文化振兴的重要性分析及现状和对策研究[J].山东社会科学,2019(04):176-181.

④夏小华,雷志佳.乡村文化振兴:现实困境与实践超越[J].中州学刊,2021(02):73-79.

⑤杨世伟.绿色发展引领乡村振兴:内在意蕴、逻辑机理与实现路径[J].华东理工大学学报(社会科学版),2020,35(04):125-135.

（五）乡村组织振兴研究

孔祥智、魏广成[①]剖析了集体经济组织与合作经济组织推动组织振兴的典型探索与实际案例，并探析集体经济组织推动组织振兴的新形式——党支部领办合作社的成功实践。

总体而言，当前关于欠发达地区乡村振兴的研究成果较为丰富，在乡村产业振兴、人才振兴、文化振兴、生态振兴、组织振兴等方面均有所涉及，但仍然缺乏较为翔实的案例分析，特别是缺乏革命老区乡村振兴实践的案例分析。同时，现有研究大多从乡村振兴的某一个方面进行研究，鲜有文献从乡村振兴诸多方面进行系统性的研究，以阐明乡村振兴各方面的内在联系和作用机制。需要特别指出的是，本章基于对西部典型的欠发达地区和革命老区——重庆市城口县岚天乡乡村振兴实践的考察，建立了一个乡村产业振兴、人才振兴、文化振兴、生态振兴、组织振兴相互促进的共生系统模型，旨在探讨欠发达地区和革命老区乡村产业振兴、人才振兴、文化振兴、生态振兴、组织振兴协调发展，实现乡村振兴乃至实现农业农村现代化的实践逻辑。具体而言，本章拟基于资源整合理论、社会交换理论深入探究城口县岚天乡乡村振兴的现实做法，在此基础上分析欠发达地区全面推进乡村振兴面临的关键问题，比如乡村振兴涉及哪些行动主体？谁在其中占主导地位？面对产业振兴、人才振兴、文化振兴、生态振兴、组织振兴等要素的复杂交织关系，如何找到其中的关键因素，以达到提纲挈领、纲举目张的效果？因此，本章从普适性角度提炼出欠发达地区有效实现乡村振兴的底层逻辑框架，即探讨如何基于本地独特的资源禀赋，发掘并激活具有赋能作用的新发展要素，以及如何克服乡村振兴过程中的多重制约因素，最终实现乡村振兴的宏伟目标。

①孔祥智，魏广成．组织重构：乡村振兴的行动保障[J]．华南师范大学学报（社会科学版），2021(05)：108-122+207.

二、案例选择与研究视角说明

（一）案例选择

重庆市城口县，位于大巴山腹地，因踞三省门名“城”、扼四方咽喉称“口”而得名。城口县距重庆主城区约400千米，距成都市约580千米，距西安市约440千米，由于远离周边大城市，人们常用“孤悬渝东北，困守大巴山”来形容该县经济社会发展面临的困境。县境内山峦起伏，群山纵横，最高点光头山，海拔2685.7米，最低点沿河乡岔溪口海拔481.5米，河谷相对高差在1000米以上，谷坡陡峻，农耕条件恶劣，“九山半水半分田”是当地资源现状的真实写照。交通不便且无大江大河过境，工业基础薄弱，城口县是不折不扣的“穷乡僻壤”。岚天乡地处城口县东北部，距城口县政府驻地32千米，属于大巴山区国家集中连片欠发达地区。耕地以“鸡窝地”“巴掌田”为主，人均耕地仅2.3亩，耕地类型为坡耕地，出产的农产品以低价值的玉米、马铃薯、红薯为主，俗称“三大坨”。“有天无地，有山无田，有人无路”，一方水土养不活一方人。由于产业空虚，经济落后，大量青壮年劳动力不得不外出务工，留下空巢老人和留守儿童，日日盼望亲人回家。脱贫攻坚、实现乡村振兴是摆在岚天乡党政领导班子面前的亟待破解的难题。面对窘迫的经济社会发展困境，作为革命老区人民，在当地党和政府的精准指引和大力支持下，发扬英勇顽强的革命传统，坚持创新发展、勇于开拓，探索出了一条将精准扶贫、脱贫攻坚、乡村振兴与发展新型农村集体经济有机结合的发展路径，成功谱写了革命老区乡村振兴与农业农村现代化的新篇章。2021年，岚天乡农民人均纯收入达到15800元，较2014年增长了1.93倍，年均增长率达16.58%，岚天乡被评为市级乡村振兴示范乡。更重要的是，岚天乡以“三变”改革的启动和深化为契机，不断探索新型农村集体经济的实现形式，不仅实现了乡村产业振兴，还实现了产业振兴、人才振兴、文化振兴、生态振兴、组织振兴的协调发展与良性互动，促进了乡村的全面振兴。岚天乡因此成为西部欠发达地区实施乡村振兴战略的又一个经典案例。与发达地区相比，欠发达地区的乡村产业振兴更具艰巨性和复杂性。[①]受制于薄弱的产业基础、落后的市场化水平、虚化的基层组织功能以及人口流失导致的创新能力不足等问题，欠发达地区的乡村产业因“要素结构处处落后”而深陷发展之困。[②]对于绝大多数农村地区而言，经济欠发达，产业无基础，缺少集体积累或能人反哺，使得推动乡村振兴面临重重挑战。[③]“巧妇难为无米之炊”，岚天乡在乡村振兴的道路上是如何克服这些重重困难的？他们是如何做到从无到有，由弱到强的？这一切背后的底层逻辑是什么？可见，通过研究岚天乡乡村振兴的典型案例，剖析革命老区通过发展新型农村集体经济实现乡村振兴的实践逻辑，对进一步凝练总结欠发达地区乡村振兴的实现逻辑具有极大助益，可以为类似“老少边穷”地区乡村振兴提供经验借鉴。本案例的发掘起源于2022年7月笔者参加“暑期三下乡”活动时对城口县乡村振兴情况的实地调研。这一调研工作得到了城口县农业农村委以及岚天乡人民政府的大力支持，相关工作人员为本案例研究提供了大量的第一手素材。同时，为了保证案例材料的真实性和完整性，笔者走访了岚天乡的众多村民，并参考了城口县委、县政府编纂的相关材料、政府网站的公开信息，以及重庆市权威媒体的报道等二手资料。

（二）研究视角说明

鉴于本案例研究涉及众多的行为主体，这些主体的行为动机和利益诉求各不相同，同时案例对象因“要素结构处处落后”而深陷发展困境，为了合理解释岚天人的行为逻辑，本案例研究选择资源整合理论和社会交换理论作为研究视角。

1.资源整合理论

资源整合理论源自企业管理，其认为资源是企业能力的基础。资源整合的

①张利庠，刘开邦，张泠然.社会交换理论视角下“金字塔”型乡村治理体系研究——基于山东省J市S村的单案例分析[J].中国人民大学学报，2022，36(03)：102-114.

②樊纲.“发展悖论”与发展经济学的“特征性问题”[J].管理世界，2020，36(04)：34-39.

③杨铭，蒋军成.欠发达地区农村治理能力提升助推乡村振兴研究——基于三省四地的典型案例[J].云南民族大学学报(哲学社会科学版)，2021，38(03)：100-106.

效率和质量对于资源使用和效能的发挥具有重要影响。[①]企业应通过组织和协调对自己拥有的或能支配和利用的资源，增强相互之间的关联程度，从而达到优化配置状态。[②]资源整合，资源是基础，整合是手段，取得"1+1>2"的效果才是目的。从广义的角度认识资源，资源泛指一切能直接或者通过转化使用而可以为企业或社会产生效益的东西。[③]资源整合可以降低甚至消除交易成本，避免资源闲置和浪费，实现资源的最优配置。

2.社会交换理论

社会交换理论是在古典功利主义、人类学以及行为主义心理学等理论基础上发展起来的用于解释人类行为的理论。该理论认为人类的社会活动均可视为交换行为，并在利益互惠的基础上形成交换关系，即一方向另一方提供了帮助、支持，使得对方有了回报的义务，但无法预测对方的回报行为，因此，这种交换关系具有不确定性和风险。只有建立在信任的基础上才能进一步发展为长期的交换关系，区别于建立在具体财务收益基础上的短期经济交换关系。其中，具体的回报行为可分为金钱、商品和服务等"外在酬赏"，以及爱、尊敬、荣誉和职务等"内在酬赏"。[④]该理论实质上是基于有限理性的社会人的假设来分析和解释人的行为的，即人是具有有限理性的，人是基于自己所拥有的不完全的信息进行决策的，是可能具有机会主义倾向的，但人又具有社会性，除了追求"外在酬赏"等物质利益外，还追求"内在酬赏"等精神利益。人的社会性能够在一定程度上抑制人的机会主义行为。

①龚志民，刘杰．基于资源整合理论的创业服务对创新经济影响机理及推进策略[J].理论探讨，2019(02):102-107.

②袁国华．突出资源整合 加快欠发达县域经济发展[J].长沙铁道学院学报(社会科学版)，2005(01):104-106.

③李志强，魏婷．资源整合理论视角下的浙江特色小镇培育探讨[J].农业经济，2019(04):83-85.

④张利庠，刘开邦，张泠然．社会交换理论视角下"金字塔"型乡村治理体系研究——基于山东省J市S村的单案例分析[J].中国人民大学学报，2022,36(03):102-114.

三、岚天乡乡村振兴的实践逻辑

(一)以“两山理论”为指引挖掘资源优势

有天无地,有山无田,有人无路。岚天乡无论是发展第一产业还是第二产业都不具备基本条件。然而,正所谓“靠山吃山、靠水吃水”,岚天乡有很多山,森林资源丰富,总体森林覆盖率92.9%,负氧离子含量2万个/cm³。同时,岚天乡地处中国南北气候过渡带,主要居住区海拔1000~1300米,年平均气温13 ℃,夏季平均气温22 ℃,冬季平均气温3 ℃,夏无酷暑,冬无严寒,四季分明,宜居宜游宜业。同时,岚天乡远离大城市,既没有城市的喧嚣,也没有现代工业发展造成的环境污染,是理想的“世外桃源”,适合避暑、养老。此外,由于交通不便,岚天乡农业生产方式比较传统,很少甚至不使用化肥、农药,因此,这里产出的粮食、蔬菜、水果等农产品,以及猪肉等畜产品绿色、环保,很受饱受化肥、农药、添加剂困扰的市民青睐。秉承着“绿水青山就是金山银山”的理念,岚天乡充分依托当地丰富的生态资源和宜人的气候条件,开发避暑疗养项目,并大力发展休闲、度假、旅游产业,走上农旅融合发展的致富道路。

(二)以“三变”改革为抓手整合资源

在明确发展方向后,岚天乡面临着如何实现农旅融合,发展休闲、度假、旅游产业的问题。有了资源,还需要精准把握市场需求,以高效率、低成本的方式开发出符合市场需求的产品和服务,从而占领市场。岚天乡面临的诸多现实问题:一是休闲、度假等乡村旅游所需的客房资源分散在村民手中,村民各自为政;二是村集体拥有的森林、河道、水域等资源的价值未被充分利用,存在大量的资源闲置现象;三是村民自身能力有限,难以有效盘活各类资源,无法为乡村旅游的发展提供必要的基础设施支持;四是村民分散经营,无力扩大对外宣传,仅凭顾客口头传播,难以迅速提升岚天乡休闲、度假、旅游品牌的知名度和影响力。比如,岚天乡是避暑疗养胜地,每年夏天游客爆棚一房难求。而大量居民闲房或因无人在家经营,或因达不到接待标准被大量闲置,导致需求供给错位,资源浪

费。[①]总之，这些多方面的问题导致岚天乡休闲、度假、旅游产业难以适应农村经济规模化、组织化、市场化发展需要。

2017年8月，岚天乡着手进行以“资源变资产、资金变股金、农民变股东”的“三变”改革，大力发展新型农村集体经济。以岚天乡岚溪村为例，该村于2018年2月6日成立了岚溪村集体经济股份合作社。合作社以清产核资后共计50万元的集体资产作为初始资金，成功启动了包括大巴山乡村欢乐谷、岚溪水上乐园、草籽沟休闲观光步道等在内的8个具有经营潜力的项目，这些项目的总估值达到了439万元。此外，合作社还对大量居民闲房进行了统一的折价入股，随后进行了装修改造和经营管理。针对2013年建成但使用率不高的村民休闲步道，引入企业与股份合作社合作，投入100余万元社会资金在临河步道打造出了集滨河观光带、休闲垂钓区和欢乐水世界于一体的多元化休闲区，不仅有效提升了人气，还创造了经济效益。进一步探索将优质的气候资源、生态资源、劳动力以及技术技艺等以股份化的形式融入“三变”体系之中，从而真正激活了农村各类要素资源的潜力。此外，岚溪村在文化创意、农特产品包装以及电商营销等方面以合股联营为基本合作模式，建立起了多方共赢的利益联接机制，真正实现了企业愿来、农民得益、地方发展的目标。岚溪村“三变”改革取得了良好的经济效益和社会效益。岚溪村集体经济股份合作社、新型市场主体和能人大户，成功促进了岚天乡80余名贫困群众的稳定就业，并提供了2000余个灵活就业机会。村集体经济收入30万元以上，岚溪村859.5股股份的所有持股者均能享受到分红收益，预计人均收入达到13000元。

此外，岚天乡在各行政村股份经济合作社的基础上，进一步整合资源。2021年7月由17个村小组股份经济合作社、4个行政村股份经济合作社共同发起成立了“岚天乡股份经济合作联合总社”。村民以现金形式入股到村小组股份经济合作社，并由村小组股份经济合作社代持股份，从而成为联合总社的成员。岚天

①江奉武.城口岚天乡党委书记江奉武：实施“三变”改革 瞄准项目激活闲置资源[EB/OL].(2018-11-24)[2023-05-20]. https://www.cqcb.com/county/chengkouxian/chengkouxianxinwen/2018-11-24/1258579_pc.html.

乡还积极引入市场经营主体，发展特色种植、养殖产业和以“一中心”“四集群”为代表的旅游产业。

①特色种植、养殖产业。依托大巴山药谷品牌，结合本地实际引进中药企业扶持本地产业，截止2023年2月，岚天乡已引导发动农民集中连片种植独活350亩、黄柏1200亩、魔芋100亩等农作物预计户均增收2500元。[①]岚天乡利用当地良好的生态环境，引导农户养殖中蜂，常年保持中蜂养殖规模1636桶，2022年新增525桶，岚天乡对蜂农的补贴达到124750元。[②]

②“一中心”“四集群”旅游产业。“一中心”：以岚溪场为中心，重塑场镇街区特色，完善场镇休闲度假功能，提高接待能力和水平，做旺场镇人气，打造“大巴山水上乐园”“中国岚天岩蜜特色小镇”。“四集群”：一是依托三河村，改造普通民房变大众民宿，新建精品民宿，开发农家农事体验项目，打造“老家三河”原乡民宿旅游区；二是依托红岸村，丰富乡村野外生活体验项目，开发创意创作项目，打造“色彩红岸”乡村公园；三是依托大洪溪，完善童趣乐园、记忆老家、夫妻树步道，新建苗木花卉基地、创意手工基地，开发农事体验项目，打造“记忆岚溪”乡村旅游区；四是依托星月村，完善岚天门、月亮崖、小寨山、大巴山蜂情园，开发农旅融合项目，打造“物华星月”农旅融合旅游区。[③]

（三）进一步深化“三变”改革开辟乡村振兴新天地

岚天乡股份经济合作联合总社充分发挥农民集体所有的资源优势，构建了资产收储交易机制，开展集体统一经营管理，采用“先交易后结算”的方式收储了全乡闲置农房74栋及宅基地指标8户，并成立了“岚天乡农村产权交易中心”。全乡推行“村集体+市场主体+农户”的发展模式，引进市场主体9个，引回返乡能人40余人，吸引企业投资5080万元、财政投资1578万元。通过实施35个合股联

①岚天乡人民政府．城口岚天乡：“三落实”推动乡村产业高质量发展[EB/OL].(2023-02-15)[2023-12-20]. http://www.cqck.gov.cn/jz/lantx/jzdt/202302/t20230215_11605753.html.

②数据来源：城口县人民政府网站。

③华龙网-新重庆客户端．岚天乡[EB/OL].(2020-11-11)[2023-12-20]. http://art.cqnews.net/html/2020-11/11/content_51148141.html.

营项目，集体收益达到132万元，实现了租金、股金、薪金等多种收益叠加，户均增收1500元。2021年全乡旅游收入达到1500余万元。

（四）岚天人的探索：乡村产业振兴、人才振兴、组织振兴、文化振兴和生态振兴协同发展

岚天乡取得的成绩无疑是值得骄傲的，但岚天乡走过的路却是不平凡的，其中充满了曲折和坎坷，也充分体现了岚天人的不屈精神与勇于探索的态度。

1. 干部干，群众看，坐等分红——岚天乡乡村振兴1.0版本

在岚天乡新型农村集体经济发展之初，岚天乡及其所属村社主要领导干部以身作则，全身心投入新型农村集体经济发展事业当中。他们取得了一定成绩，给村民分得了一定红利，但由于村民的家庭收入以务工收入为主，集体经济发展所带来的分红仅占他们总收入的一小部分，导致大多数普通村民对集体经济发展漠不关心。因此，岚天乡新型农村集体经济发展面临"干部干，群众看，坐等分红"的尴尬局面。

2. 红黑榜制度——岚天乡乡村振兴2.0版本

由弱小到强大，是事物发展过程中的基本规律。假以时日，只要决策得当，岚天乡的新型农村集体经济一定会进一步发展起来。但乡村振兴不能简单等同于乡村产业振兴，如何通过新型农村集体经济的发展带动组织振兴、人才振兴、文化振兴和生态振兴成为摆在岚天人面前的新问题。重建乡村道德规范、弘扬中华优秀传统文化等是乡村文化振兴的重要维度。[①]岚天人推出了"红黑榜制度"，把集体经济发展的分红与村民的日常表现挂钩，调动了村民参与乡村环境整治、践行文明礼仪规范的积极性。以岚天乡星月村为例，该村在2018年5月，依据《中华人民共和国村民委员会组织法》的精神，为了进一步强化村民自治，树立和谐、文明新风，通过村民住户代表大会的表决，正式确立了星月村"红黑榜制度"。主要内容如下。

---

①李重，林中伟．乡村文化振兴的核心内涵、基本矛盾与破解之道[J].北京工业大学学报（社会科学版），2022，22(06)：39-48.

(1)“黑名单”管理

对本村村民符合以下“十条”内容之一者纳入黑名单,实行“黑名单”管理。

①不支持村集体经济组织发展经营,被国家或集体征用、转让土地、山林等不服从统一规划和安排、漫天要价、阻碍或者破坏建设,干扰集体正常经营活动等言行的。

②不支持公益事业发展和公共建设,在涉及个人承包的土地、山林等个人利益时,不配合、故意刁难国家、集体开展工作的。

③在公共场合发表违反党的言论,或在互联网散布危害国家、政府机关,损坏干部形象的图片、言论及视频的。

④操办乔迁、升学、满月、生日等“无事酒”的,参与“无事酒”送礼的、帮忙的、发请柬的、提供场地的。

⑤违规乱搭乱建、乱倒乱倾垃圾、乱砍滥伐、乱挖乱采、破坏渔业等生态环境的。

⑥破坏公共设施或侵占公共财产的;拒绝交纳水费、垃圾处置费的。

⑦不尽赡养或抚养义务,造成社会影响的。

⑧参加邪教组织的;涉黑涉恶涉毒涉黄、聚众赌博等造成恶劣社会影响的。

⑨因违法犯罪正在接受刑事处罚的;有社会诚信不良记录的。

⑩被《岚天乡星月村文明实践超市积分制度》等其他村规民约纳入“黑名单”管理的。

当年对有家庭成员纳入“黑名单”的家庭,星月村村民委员会可暂停各类荣誉的评比、各类服务性工作,星月村股份经济合作联合社在收益上当年不予分配,并对其行为进行通报公示。被纳入“黑名单”的家庭改正错误行为后,经村民代表大会考察合格同意后次年移出“黑名单”。

(2)“红榜”管理

对本村村民符合以下“十条”内容之一者纳入红榜,实行“红榜”管理。

①支持村集体经济组织发展经营,被国家或集体征用、转让土地、山林等能服从统一规划和安排并无偿出让的。

②支持公益事业发展和公共建设,在涉及个人利益时,能无偿或让利于国家、集体的。

③为集体经济发展和公益事业作出其他重要贡献的家庭或者个人。

④坚持公平正义、有检举揭发重大违法违纪线索并经查证属实的个人。

⑤参与突发应急事件有重大立功表现的个人。

⑥奉献爱心,社会捐赠达到1000元以上的。

⑦在生产、劳务中业绩突出,被乡级及以上政府部门评为致富带头人等的。

⑧在当年有学生考取本科大学的家庭。

⑨在当年有参军入伍的优抚家庭。

⑩在当年各级评优评先活动中被评选为先进的家庭或者个人。

红榜一年度一评比,对本年度有家庭成员纳入"红榜"的家庭,优先纳入评优评先行列,优先安排各类惠民政策,优先申报各类奖;对当年被纳入"红榜"的村民纳入星月村股份经济合作联合社"贡献股"享有名单、享有"贡献股"分红,并以红榜形式公告公示,以及上报上级部门进行表彰。

"红黑榜制度",既有物质激励,又有精神激励,有奖有惩,激发了村民的荣誉感和自尊心,改变了村民的思想观念,促进了文化振兴,实现了邻里和谐,村风村貌明显改善。同时,它为村集体经济组织和公益事业发展创造了良好的舆论氛围,减轻了征用、转让山林、土地等方面的阻力。由于效果显著,"红黑榜制度"目前已经推广到岚天乡全乡。

3.实施党员"红细胞工程",推动组织振兴

党支部作为党的基层组织,在乡村振兴中应当发挥战斗堡垒作用。党建引领是新型农村集体经济组织保持为民谋利的根本宗旨的保障。在确保党的乡村振兴政策落到实处,把党对普通群众尤其是困难群众的关爱带给群众,党员在生产、生活各方面发挥先锋模范和引领作用至关重要。为此,必须强化党员村民的宗旨意识,既要在脱贫攻坚道路上开拓创新、勇于拼搏、争当致富先锋,又要关爱普通群众,特别是困难群众,通过先富带动后富,最终实现共同富裕的目标。以

岚天乡星月村为例，该村党支部经研究决定，成立月坪文明大院党小组，组织全村党员和入党积极分子，推行“红细胞工程”，具体内容如下。

（1）主要内容

①全村党员全部调岗定责。共设党员小组长、文明新风倡导岗、群众意见收集岗、民事纠纷调解岗、党风党纪监督岗、环境卫生监督岗、政策法规宣传岗、社会治安维护岗八个岗位，义务开展工作，不计报酬。

②开展党员联户活动。该活动遵循“一周一走访一汇报”制度，联户党员要做到每周至少走访或联系服务对象一次，每月至少向联系人的村干部、驻联村干部汇报民情一次。

③开展扶贫济困活动。服务能力突出的党员每人直接联系帮扶一名以上建卡贫困户，小组组长联系帮扶本组内生活困难或老弱病残的党员。每个月至少要和联系户谈心对话一次，宣传各类惠民政策一次；每季度和联系户同吃同住同劳动一天，送致富“金点子”一个；每年同联系户参加公益活动一天，在本院“感恩树”上悬挂感恩语录一条，写党性锤炼心得一篇。

④开展“一管三带一联四满意”活动。让党员在本院亮明身份，管好自己，带好家庭，带好邻居，带好亲友，帮联困难家庭；鼓励党员在社会生活中发挥先锋模范作用，努力做到让组织满意，让家庭满意，让群众满意，让自己满意，使本院居民、党员都能够像血液里的红细胞一样，为文明和谐家园建设始终输送新鲜的“氧气”，为本院的各项事业注入活力，成为文明大院建设的组织者、实践者和推动者。

（2）激励机制

①建立党员激励关爱基金。通过“向上争取一点、党员捐一点、社会筹一点”的方式设立了党员激励关爱基金。该基金主要用于以下用途：一是用于“五访”活动（“五访”活动是指对本小组党员生病住院或亡故时必访、受灾或发生意外时必访、生产生活遇到重大困难时必访、出现思想问题时必访、没参加组织生活时必访）的必要经费开支，关心爱护党员；二是对在“红细胞工程”建设中表现突出、贡献较大的一些先进模范和困难党员给予慰问和扶助。

②积极探索村级互助资金组织的创新模式,推出针对先进党员的“先锋信用借款”项目,以此加大对党员创业活动的扶持力度。

③评选“党员模范家庭”。每季度,由本院党小组召开一次民主评议会议,评选“党员模范家庭”一个,送锦旗一面,送家人精美纪念品一份(仅限于无职务党员家庭,党员干部家庭不得接受纪念品),同时,将该家庭的先进事迹报上级组织,并记录入个人档案。

“红细胞工程”不仅明确了党员的职责,还配套建立了相应的激励机制,促使党员认识到自身不能等同于一般群众。乡村振兴不仅是领导干部的责任,也是每位党员的神圣使命和光荣职责。党委、政府作出了决策后,党员有责任和义务把决策落到实处,带领普通群众把乡村振兴工作落到实处,而不是停留在口头上,确保乡村振兴的各项政策措施落实到位,真正实现组织振兴。

4.推进“三乡人才”计划,实现人才振兴

人是生产力诸要素中最革命、最活跃的要素。好的规划、好的方案最终还是要靠人的具体行动去落实,更何况好的规划、好的方案也需要高水平的专业人才才能制定出来。岚天乡深谙人才的重要性,在推进乡村振兴工作的过程中,实施了“三乡人才”计划:在乡人才,在现有乡村常住人口中发掘、培养一批有知识、懂技术、能经营、善管理的新型职业农民;返乡人才,在外出务工打拼的村民中吸引一批家乡情怀浓烈,具有现代经营管理理念和方法,掌握一定生产技术,有一定资金积累的返乡创业人才;下乡人才,本着“不求所有,但求所用”的态度引进一批具有前瞻战略眼光的专家、高技术人才,为岚天乡的产业发展、生产经营和营销提供智力支持和技术服务。

5.向生态优势要效益,实现生态振兴

良好的生态环境,丰富的生态资源,适宜的气候是岚天乡最大的优势。守护好绿水青山,促进农牧业绿色发展,依托清新的空气、洁净的水、绿色的山发展生态旅游、康养产业已经成为岚天人的共识。“靠山吃山,靠水吃水”,顺势而为是老祖宗的智慧,也是岚天乡崛起的重要秘诀。以辩证的眼光看待自己的优势,有所为,有所不为,岚天人走出了自己独特的发展道路,实现了经济发展和生态环境

保护的和谐统一，实现了生态振兴。

6.“两山”“两化”集成改革路线图——岚天乡乡村振兴3.0版本

树大需要根深，根深才能叶茂。岚天乡的乡村振兴要想获得进一步的发展，需要在更大范围内、更深层次上整合资源。为此，岚天乡与时俱进，成立了岚天乡股份经济合作联合总社，并以此为基础，提出了岚天乡“两山”“两化”集成改革路线图，形成了岚天乡乡村振兴3.0版本，如图12-1所示。

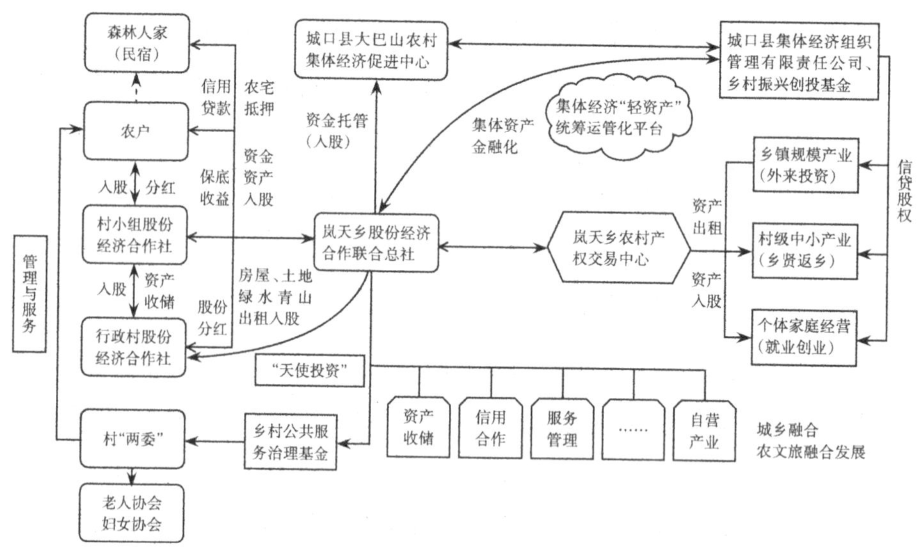

图12-1　岚天乡“两山”“两化”集成改革路线图

①农户以自己的资金、资产入股村小组股份经济合作社，后者根据自己的经营成果对前者进行保底分红。村小组股份经济合作社以本社所拥有的经营资产(房屋、土地、绿水青山)入股行政村股份经济合作社，后者对前者进行资产收储，并根据自己的经营成果对前者按股份进行分红。农户也可以以自己的资金、资产直接入股岚天乡股份经济合作联合总社(以下称“联合总社”)。因此，联合总社会向村、社集体按股份分红，村级、社级又会根据股份向农户分红(在具体项目合作中还存在联合总社直接向农户分红的情况)。

②部分有条件的农户携手合作创办“森林人家”民宿，以农宅作为抵押，由联合总社为他们提供信用贷款，满足他们的资金需求。

③联合总社把分散在农户、村集体的闲散的土地、房屋收储起来，统一整合

之后,通过岚天乡农村产权交易中心,交给有经营能力的公司、个人来开发。联合总社从中收取租金、分红。联合总社也可以自己开发项目、对外投资,提供教育、培训等服务,同时也可以通过承接国家财政项目,获得收益。联合总社是一个集体所有的平台公司,一般情况不直接生产农产品,不和农业企业、旅游公司开展竞争,主要通过为各类公司、集体经济组织、政府机构和农户提供优质服务来实现盈利。

④联合总社对村小组股份经济合作社进行"天使投资",为行政村范围内的资源收储(根据实际情况有两种可选路径:一是农户、村小组股份经济合作社、行政村股份经济合作社各自把资源入股到联合总社;二是农户可以把资产入股到村小组股份经济合作社、行政村股份经济合作社,然后由村小组股份经济合作社或行政村股份经济合作社再统一入股到联合总社,联合总社为入社资产提供保底收益,并依据股份给予二次分红)、土地交易及物业激活等活动提供必要的资金支持。村小组股份经济合作社如有富余资金,也可选择将其拆借给联合总社进行统一调配使用。联合总社特设信用合作部,该部门实行独立核算,为本乡各类经营主体提供低息贷款服务。

⑤联合总社设立乡村公共服务治理基金,为各行政村履行管理与服务农户的职责以及其下属的老人协会、妇女协会提供经费支持,消除"空壳村"现象。

⑥在完成收储后,联合总社成为资产的所有者,实现资产所有权与使用权的统一整合。在资产交易和价值显化上,成立了"岚天乡农村产权交易中心"。岚天乡农村产权交易中心是在政府指导下运作的第三方中介机构,主要负责提供交易见证、资产评估等专业支持。联合总社通过该中心与市场经营主体进行使用权、经营权的交易活动,为金融资本的引入打下基础。联合总社以资产出租或入股的方式对外招商引资:乡镇级规模较大的项目吸引外来企业投资入股,村级中小规模的项目吸引乡贤返乡创业,个体小规模经营项目则提供给当地村民进行家庭个体经营。同时,城口县集体经济组织管理有限责任公司、乡村振兴创投基金对符合条件的项目给予信贷或股权(入股)等形式的支持。

⑦在县委、县政府支持下,村、乡镇股份经济联合社以及联合总社共同倡议

并成立了城口县大巴山农村集体经济促进中心,同时,投资组建了城口县集体经济组织管理有限责任公司,构建县级集体经济“轻资产”统筹运管化平台。联合总社可把资产入股(托管)给城口县大巴山农村集体经济促进中心,通过城口县集体经济组织管理有限责任公司、乡村振兴创投基金的运作,与金融机构合作,推动集体资产金融化、数字化,为各行政村股份经济合作社寻找“天使投资”,以满足各行政村股份经济合作社事业发展过程中的资金、技术乃至拓展市场等方面的需求。

城口县岚天乡推行的“两山”“两化”集成改革路线图以生态产业化和产业生态化为抓手,致力于“绿水青山”向“金山银山”转化,在以下几个方面进行了新的探索。

①打破以往局限于单个村庄发展集体经济的传统模式,构建涵盖“县—乡—村”三级的集体资产经营管理平台,实现小农户依托集体经济组织与大市场的有效对接。

②实现农村集体经济经营模式多样化:支持村级集体经济组织出资注册成立经营主体,与成员之间开展合股联营,吸纳集体经济组织成员投资入股经营,开展自主生产经营活动;完善农村集体内部股份合作机制,鼓励村级集体经济组织与组级集体经济组织开展股份合作经营,实现村内资源资产集约化利用;鼓励有条件的地方,突破村域界限,引导产业相同、资源互补、地理位置相邻的村级集体经济组织开展合作经营,共同建立产业扶贫基地,发展村级集体试点项目。

③农村集体混合经营机制:集体经济组织对内主要通过土地股份合作方式整合资源要素,对外通过产业项目,引入城市工商资本、新型农业经营主体等社会资本,通过合同契约、股份合作等方式,发展股份混合经营,并以持股分红方式,增加村集体和农民财产性收入。

四、结论与政策建议

(一)结论

本章以岚天乡新型农村集体经济的产生、发展、壮大为典型案例,揭示了该乡乡村振兴的实践逻辑:欠发达地区存在自己的比较优势,可以通过科学决策确定能够发挥自己比较优势的主导产业。传统的家庭联产承包责任制导致这些优势资源分散在农户手中,利用这些资源发展主导产业时存在交易成本高、无法发挥规模经济优势等问题。通过"三变"改革发展新型农村集体经济,集体经济组织(股份合作社)得以有效整合这些优势资源;通过内引外联,解决技术、经营、管理等稀缺资源不足的问题,可以盘活欠发达地区的资源,实现产业振兴。产业振兴为文化振兴提供了物质基础,为组织振兴、人才振兴提供了平台,为生态振兴提供了保障。文化振兴、组织振兴、人才振兴和生态振兴又为产业进一步振兴提供了良好的条件。具体而言,可以归纳为以下几个结论。

1.坚强有为的领导班子是实现乡村振兴的先决条件

岚天乡乡村振兴取得的突出成绩与该乡配备了坚强有为的领导班子密切相关。在国家的大政方针确定之后,地方政府尤其是基层政府,承担着依据本地实际情况推动政策落实的重要职责。自2014年以来,岚天乡以乡党委书记为代表的领导班子依据国家的脱贫攻坚和乡村振兴政策,结合岚天乡的资源禀赋特点,确定了以生态特色种植养殖和农文旅融合发展的产业发展方向。此外,通过班子成员的解释和劝说,晚上到农民家里开"院坝会",带领部分有疑虑的村民和乡、村、社干部到外地实地"取经",逐步转变了干部和村民的思想观念,最终实现了干部群众认识统一、行动一致,凝聚起了推进脱贫攻坚和乡村振兴的合力,为岚天乡顺利推进脱贫攻坚与乡村振兴事业创造了必要的先决条件。

2.以辩证的观点看待本地的资源禀赋,确立主导产业

在特定的时空条件下,一个地方的资源禀赋是不变的。因此,必须根据本地的资源禀赋来确定当地经济发展的主导产业,而不能简单地模仿其他地区的做

法。“靠山吃山，靠水吃水”，必须辩证地看待本地的资源条件，找到适合本地资源禀赋的主导产业。岚天乡有天无地、有地无田、有田无水、交通不便，不适合发展传统的农业和工业。然而，岚天乡拥有丰富的生态资源、气候宜人，因此，发展生态特色种植养殖以及休闲、避暑、康养、养老等旅游产业，是更为适宜的选择。

3.组织振兴是基础

经济社会发展方案一旦确定，贯彻执行就是关键。“村看村，户看户，群众看干部”，人们习惯了往常的生产生活方式，面对新的事物，往往充满疑惑，这个时候就需要有人带头尝试。在推进乡村振兴工作中，党的基层组织应该发挥战斗堡垒作用，党员应该发挥先锋模范作用。任何事业的成功都离不开共产党员的先锋模范作用。只要共产党员首先站出来，勇于担当，就能把群众带动起来，凝聚起来，组织起来，共同开辟一片天地，成就一番事业。因此，当前紧迫的任务是采取有效措施，将党员组织起来，充分调动他们的工作积极性，让他们率先垂范，从而消除普通群众的疑虑。

4.人才振兴是关键

当前，中国已经迈入人口老龄化社会，青壮年农民外出务工是农村的常态，靠老年人和留守儿童是不可能完成乡村振兴的历史使命的。美好的蓝图需要人们付出艰苦努力才能绘就，足量高素质的新型职业农民是乡村振兴必须依靠的主导力量，人才振兴是乡村振兴的关键所在。岚天乡通过“三乡人才”计划培养在乡人才、吸引返乡人才、引进外部(下乡)人才，在一定程度上解决了人才短缺的问题，为乡村振兴提供了智力支持和技术支持。

5.群众广泛参与至关重要

如果没有广大群众的广泛参与，党员干部就成了孤家寡人，乡村振兴也就失去了意义。众人拾柴火焰高，人多力量大。因此，必须建立紧密的利益联结机制，把广大村民动员起来，成为乡村振兴的主体力量。要让广大村民认识到，乡村振兴能给自己带来实实在在的好处，早参与早受益，多参与多受益，不参与不受益。岚天乡正是以新型农村集体经济发展为依托，通过“红黑榜制度”，物质激

励与精神激励并重,让村民参与到集体经济发展、乡村振兴中来,提升了村民的精神风貌,实现了乡村文化振兴。

6.更大范围、更高层次整合资源,在更高水平实现乡村振兴

随着集体经济的发展壮大,客观上需要投入更多、更高质量的资源。必须打破狭隘的地域限制,在更大范围内、更高层面引进更多的资金、技术、人才、管理等要素,才能实现高水平的乡村振兴。岚天乡"两山""两化"集成改革路线图的提出正是顺应了当地乡村振兴进一步发展的客观需要,才使当地乡村振兴"更上一层楼"。

(二)政策建议

要打破欠发达地区因"要素结构处处落后"而陷入的发展困境,唯有创新。当然,这个创新不只是科技创新,还有思路创新,模式创新。要以积极的心态、创新的思维指导乡村振兴工作。具体来说,要从以下几个方面入手,多措并举。

1.搭建坚强有为的领导班子

发展新型农村集体经济,实现乡村振兴涉及方方面面的改革,难免触碰到各方面的利益,招致相关利益主体的反对。因此,必须以具有创新意识的领头人为主导,搭建坚强有为的领导班子,才能排除阻挠改革的各种障碍,启动农村经营体制改革并持续推进。

2.因地制宜发展本地特色产业

扬长避短是竞争获胜必须遵循的基本原则。正所谓"尺有所短,寸有所长",要以辩证的眼光看待自身的资源,相信"天无绝人之路",总有一条道路适合自己。在市场经济条件下,要实现乡村振兴,必须找准自己的主导产业,这就要求在瞄准市场需求的基础上,找准自己资源禀赋上的比较优势,依靠比较优势发展自己的特色产业。此外,在确定本地特色产业时,还应吸取过往乡镇企业发展的教训,坚定不移地走绿色发展之路。二十世纪八九十年代,乡镇企业盛极一时,曾经为上亿农民提供了就业机会,被誉为"进厂不进城,离土不离乡"的典范,一

度被视为乡村振兴的理想模式。但大多数乡镇企业在发展过程中不注意环境保护，发展模式粗放，造成了严重的环境污染和资源浪费，不久就被列为“五小企业”，遭遇了关停并转的命运，最终逐渐销声匿迹。

3. 充分发挥党员的模范带头作用

农民党员是农民中的先进分子，思想觉悟较高，在群众中拥有较高的威望和影响力。乡村振兴要依靠组织的力量，激发党员的工作积极性，使他们在各项事业发展中先行先试，消除群众的疑虑，发挥榜样的示范作用，带动村民积极投身乡村振兴工作。

4. 坚持人才兴乡

要摒弃农业农村是劳动密集型、资源密集型的刻板印象，现代化的农业农村同样可以是知识密集型、技术密集型的。发展知识密集型、技术密集型的乡村产业，实现乡村振兴，需要大量有知识、懂技术、会经营、善管理的高素质人才。为此，应该营造良好的事业发展氛围，搭建好事业发展平台，用事业培养人才，用事业吸引人才，用事业留住人才。

5. 坚持村民共享乡村振兴成果

乡村振兴的目的是发展乡村，富裕农民，提高农民生活质量。广大村民是乡村振兴的主要依靠力量，调动村民的积极性，引导村民广泛参与乡村振兴工作是乡村振兴取得成功的重要条件。因此，应适时让乡村振兴的成果惠及每一位村民，通过建立紧密型利益联结机制，让村民充分认识到乡村振兴的重要意义，进而全方位、多形式参与乡村振兴。

6. 外引内联，聚合天下资源为我所用

高质量发展离不开高水平资源的持续投入。然而，资源是稀缺的，只有更大范围的对外开放才能吸引到足量的高水平资源。为此，应该搭建开放性的产业交易平台，打破地域局限，促成更大范围、更高层次的产权交易，以实现资源的优化配置，为乡村振兴创造更为有利的条件。

五、岚天乡的启示:乡村振兴的机制与实现路径

岚天乡的干部群众面对“穷山恶水”的艰难环境,不气馁,勇于创新,善于创新,闯出了一条在落后山区实现乡村振兴的特色路径,为重庆市乡村振兴尤其是大巴山区、武陵山区的乡村振兴提供了宝贵经验借鉴与示范。岚天乡的乡村振兴实践揭示了乡村振兴的机制和可行的实现路径:通过“三变”改革整合乡村内部资源、盘活乡村闲置资源,通过股份合作的方式引入外部资源;以多功能农业理论为指引围绕市场需求,发挥自身的比较优势,确立乡村产业发展定位;发展新型农村集体经济,建立紧密利益联结机制,共享乡村振兴发展成果,激发村民参与乡村振兴的积极性,实现乡村产业振兴;以乡村产业振兴反哺乡村文化振兴,唤醒村民对集体经济的认识,重塑村民的精神文化面貌;以乡村产业振兴为契机,事业留人,培育本地人才,吸引外地人才,实现乡村人才振兴;配齐、配强领导班子,加强组织建设,坚持党的群众路线,发挥共产党员的先锋模范作用,实现组织振兴;贯彻“两山”理论,注重生态环境保护,实现生态振兴。在此过程中,以文化振兴为精神动力,人才振兴为智力支撑,生态振兴为产业基础,组织振兴为组织保障,共同助力产业振兴,最终实现乡村产业、文化、生态、人才、组织“五位一体”协调发展,共谱乡村振兴壮丽新画卷。

当然,不同地区具体情况不尽相同,不存在放之四海而皆准的实现路径。在各地区的乡村振兴实现路径上,当地的干部群众最有发言权。他们最了解当地的实际情况,发展新型农村集体经济,推进乡村振兴伟大事业,需要走群众路线。一切为了群众,一切依靠群众,从群众中来、到群众中去。农民群众最了解农村经济社会发展面临的具体问题和困难。在乡村振兴的伟大征程中,他们会具体问题具体分析,创造性地解决农村经济社会发展面临的具体问题和困难。群众的智慧是无穷的,发展新型农村集体经济,推进乡村振兴伟大事业,要善于总结第一线农民群众的实践经验,尊重农民群众的首创精神。总而言之,并无所谓的“最佳”实现路径,最适合当地实际情况的路径就是最好的实现路径。

后　记

乡村振兴是中国农村继脱贫攻坚完美收官后又一重大经济社会发展战略，是实现中国农业农村现代化的必由之路。纵观世界各国，国情不同，走向现代化的道路也有所不同。中国作为一个后起的、人口众多的社会主义大国，必须根据中国的国情走具有中国特色的中国式现代化道路。重庆作为中国西部地区唯一的直辖市，肩负着先行先试，率先实现现代化为西部其他兄弟省(自治区、直辖市)探索走向现代化的经验的特殊使命。重庆市大城市带大农村的特殊“市情”决定了重庆市乡村振兴须依托社会主义市场经济体制。既要充分发挥市场在资源配置中的决定性作用，又要充分发挥政府的引导作用，建立适度向农村地区倾斜的资源引导机制。在党的领导下，在全体共产党员和农民群众的共同努力下，树立大农业观，以全国统一大市场为依托，充分发挥本地农业资源的比较优势。同时，以“三变”改革为抓手，以项目建设为依托，以农民土地股份合作社为主体，大力发展新型农村集体经济，通过集体经济的发展壮大，将农业农村现代化的发展成果惠及每一位农民，使农民走向共同富裕，重塑农民的凝聚力，重拾农民群众的向心力，从根本上坚定“四个自信”，最终实现乡村振兴，为社会主义现代化的宏伟蓝图奠定坚实的基础。此外，乡村振兴需要大量的资源投入，需要像当年发展重工业那样重视乡村振兴，像当年重视重工业投入那样重视农业和农村投入！

乡村振兴是当前乃至今后相当长一段时间内，中国农村经济社会发展中的一项重大战略。为了探究重庆市乡村振兴的体制、机制与实现路径，笔者用了三年多的时间走遍了渝西地区、武陵山区和大巴山区的山山水水，在此期间，利用各种机会，通过各种渠道了解广大农民朋友、基层干部以及农业经济管理和农业科技服务领域的同仁在乡村振兴事业中的顽强拼搏和不懈奋斗的事迹，倾听他们的所感所叹，分享他们的喜悦与忧愁。他们的实践经历激发了我的思想，丰富了我的知识，更新了我对农村、农民、农业的认知，最终才有了本书的诞生。

在本书稿即将付梓之际，掩卷沉思，感慨万千，既为在乡村振兴道路上付出艰辛努力的广大农民群众、党员干部以及社会各界人士所感动，又对在本研究过程中提供支持和帮助的领导、同事和朋友充满感激之情。在此，谨对笔者在调研及书稿写作过程中给予帮助的各界朋友、领导及同仁表示衷心的感谢，也对参与调研的学生致以深深的谢意！

姚文

2024年4月于荣昌